How are you?
이순신

How are you? 이순신

제1판 제1쇄 인쇄 2012년 11월 19일
제1판 제1쇄 발행 2012년 11월 26일

지은이 혜문
펴낸이 강봉구

책임편집 황영선
마케팅 윤태성
디자인 비단길&봉구네
제작 (주)아이엠피

펴낸곳 작은숲출판사
등록번호 제313-2010-244호
주소 121-894 서울시 마포구 합정동 367-9
전화 070-4067-8560
팩스 0505-499-8560
홈페이지 http://littlef2010.blog.me
이메일 littlef2010@naver.com

ⓒ 혜문

ISBN 978-89-965430-13-9   03900
값 15,000원

우 리 시 대 의 이 순 신 을 말 하 다

HOW
are you?
이순신

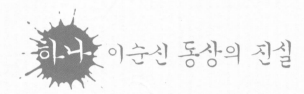

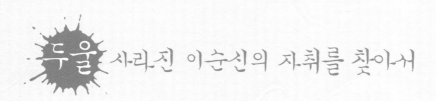

두울 사라진 이순신의 자취를 찾아서

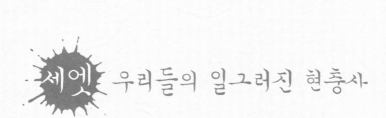

세엣 우리들의 일그러진 현충사

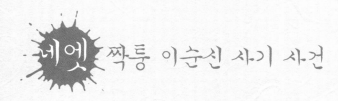

네엣 짝퉁 이순신 사기 사건

들어가며

이순신 장군,
명박산성 위에서 부릅뜬 눈으로
시위대를 내려다보다

2008년, 서울의 봄은 뜨거웠다. 미국산 쇠고기 수입 반대를 위한 촛불 시위가 전국으로 들불처럼 번져 나갔다. 청계천에서 시작된 촛불 집회는 100일 이상 계속되면서 교육 문제, 대운하 · 공기업 민영화 반대 및 정권 퇴진 등으로 점차 확대되었다.

2008년 6월 10일.

100만 명의 시위대가 광화문을 뒤덮었던 그때 나도 광화문에 있었다. 경찰은 새벽부터 광화문 이순신 동상 앞에 컨테이

10

How are you? 이순신

명박산성과 이순신 동상 2008년 촛불 집회 당시 광화문 이순신 동상 앞을 가로막은 명박산성. 2005년 11월 부산 APEC 정상회의 당시 시위대의 회의장 진출을 막기 위해 당시 어청수 부산경찰청장이 처음 사용하였다.

너 박스를 2단으로 쌓아 바리케이드를 설치하였으며, 그 밖에도 안국로 등 청와대로 진입할 수 있는 길목에 총 60여 개의 컨테이너 박스 바리케이드를 설치했다. 이 바리케이드는 6월 10일 예상되는 대규모 집회에서 충돌을 방지하기 위해 서울경찰청에 의해 제안·설치되었다. 서울경찰청 경무국장은 그간 시위 도중 바리케이드로 써온 전경 버스가 40대 이상 파손되었기 때문에 콘테이너를 바리케이드로 설치했다고 밝혔다.〈위키백과〉 명박산성 참조.

그곳에서 나는 좀 의외의 이순신 장군을 만났다. 그날 이순신 장군은 민중과 함께가 아니라 권력과 한편인 듯 보였다. 마치 조선 시대 민란을 진압하러 파견된 관군 장수처럼, 수천 명의 전경들을 이끌고 부릅뜬 눈으로 명박산성 위에서 100만 시위대에게 무언가를 외치고 있는 듯했다.

"불복하는 자는 체포한다. 즉각 해산하라."

'혹시 내가 알던 이순신은 권력에 의해 만들어진 허상이 아니었을까?'

그동안 알고 있었던 내 마음속의 이순신은 순간 의심의 대상이 되었고, 뭔가 규명해야 할 숙제, 서슬퍼런 지성의 칼날로 해부해 봐야 할 대상으로 다가왔다. 그렇게 촛불집회는 이순신의 허상을 일순간에 무너뜨렸다. 100만 개의 촛불이 서울의 어둠을 밝혔던 2008년의 여름, 그 경험이 아니었다면 이 글은 쓰여지지 않았을 것이다.

'이순신 분수' 이름이
일왕 생일을 상징한다고?

12·23 분수 일왕의 생일을 의미한다고 해서 논란이 되었던, 이순신 동상을 둘러싸고 있는 12·23 분수.

명박산성에서 이순신 장군의 희한한 모습을 본 지 1년 뒤, 이순신 동상 옆 분수가 일본 국왕의 생일을 상징한다는 충격적인 뉴스를 접했다. 서울시는 2009년 8월 1일, 광화문 광장을 개장하면서 이순신 동상 옆에 분수대를 설치하고, 이를 '12·23 분수'라고 이름 지었다. 그런데 이것이 일본 국왕의 생일인 12월 23일을 상징하는 것이 아니냐는 논란이 발생했다.2009. 8. 1. 〈서울신문〉, 광화문 광장 이순신 분수 이름 잘못됐다?

이에 대해 서울시는 일본 국왕의 생일을 기념하거나 상징하기 위해 명명한 것은 아니었다고 해명했지만, 몇 가지 점에서 납득하기 어려운 점이 있었다.

분수를 '12·23 분수'라고 이름 지은 이유에 대해 서울시는 "12는 이순신 장군이 12척으로 133척의 왜적을 격파한 명량대첩을 상징하며, 23은 23번 싸워 23번 모두 이긴 것을 뜻한다."고 밝혔다. 또 분수 이름을 오 시장이 지은 것 아니냐는 기자들의 물음에 대해 "부인하지는 않겠다."고 답했다. 오세훈 시장도 자신의 블로그에 올린 글에서 "분수 이름이 '12·23 분수'라고 하니 다들 궁금해 하십니다. 사실 제가 이 이름을 작명하기까지 정말 많은 고민을 했습니다. 그리고 난중일기와 그밖의 사료들을 종합한 끝에 찾아낸 아이디어입니다."라고 밝힌 바 있다. _{2009. 8. 18. 〈위클리 경향〉 838호, 분수 12·23 일왕 생일 논란.}

그런데 문제는 명량해전에 참전한 전선은 12척이 아닌 13척이었다는 점이다. '전라좌수영대첩비_(이항복이 비문을 지음)'에 '명량대첩에서 13척의 배로 왜적의 배 133척과 싸웠다.'는 내용이 적혀 있다. 원균이 경남 거제 칠천량 해전에서 패한 뒤 이순신이 12척의 배를 수습한 것은 사실이지만, 명량대첩에서는 13척_(녹도 만호 송여종이 1척을 추가시킴)으로 싸웠던 것이다.

'난중일기'를 처음 완역한 순천향대학 이순신 연구소 노승석 전문위원도 「선조실록」을 언급하며 명량대첩에 동원된 선박 숫자가 13척임을 확인해 주었다. 그는 "『조선왕조실록』 선조 30년 정유년 11월 10일자에 '신이순신 장군이 전라우도 수군 절도사 김억추 등과 전선 13척, 초탐선(哨探船) 32척을 수습하여'라는 대목이 있다고 했다.

서울시의 대답은 더욱 재미있었다. 서울시 담당부서인 설비부 관계자는 "명량대첩에 12척을 가지고 출전한 것으로 안다."며 "해전에 관한 가장 권위 있는 사료인 해군사관학교의 '해전사'에 12척이라고 된 것을 참고했다."고 설명했다. 그는 또 이 장군이 당시 임금인 선조에게 올린 장계狀啓 : 외부에 있는 신하가 임금에게 보낸 보고서에서 '12'를 따왔다고 말했다. 당시 남은 12척을 수습한 뒤에 일본 수군과 싸워 이긴 장군의 불굴의 정신을 되살리고자 한 것이므로 큰 의미에서 봐 달라."고 전했다고 한다. 2009. 8. 1. 〈서울신문〉, 광화문 광장 이순신 분수 이름 잘못됐다?

서울시는 또 일본 국왕의 생일인 12월 23일에서 분수 이름을 따온 것이 아니냐는 의혹에 대해서도 해명했다.

서울시 관계자는 "아키히토 일왕의 생일이라는 건 우리도 전혀 몰랐다. 주시경 선생의 생일도 12월 23일이다. 솔직히 일왕의 생일을 아는 우리나라 국민이 얼마나 되느냐? 오히려 이들 네티즌이 일왕의 생일을 공공연히 알려 주는 꼴이며, 일왕 생일 논란도 누리꾼들 때문에 처음 알았다."라고 설명했다. 심지어 아키히토 일왕이 영원히 살 분은 아니라며 확대 해석을 경계했다고 한다. 2009. 7. 30. 〈쿠키뉴스〉, 이순신 동상 앞 분수 명칭 논란.

물론 서울시는 억울했을 것이다. 광화문 광장을 대한민국의 대표적인 광장으로 만들겠다고 470억 원을 투입, 야심차게 추진한 사업이 고작 분수 이름으로 비난받았다는 것을 인정하기 싫었을 것이다. 그때까지만 해도 이 사건을 단순한 해프닝으로 생각했다. 세상에는 이런 사건 말고도 믿기지 않는 코미디가 제법 있는 편이니까……

틀어진 **광화문 물길** 이순신 동상과 광화문 광장의 물길 축이 일직선상에 놓여 있지 않고 틀어져 있다.

광화문 앞 대로가
비뚤어져 있다는 걸
누가 상상할 수 있었을까?

'12·23 분수' 코미디 현장에 직접 가 본 것은 그로부터 다시 1년 지난 뒤였다. 조선총독부에 의해 철거된 뒤 제자리를 잃고 떠돌던 광화문이 경술국치 100년을 맞아 새롭게 조성되었다는 뉴스를 보고 나선 길이었다.

여전히 시원스레 물을 뿜어 내고 있는 이순신 동상 옆의 분수는, 더위를 식히기 위해 나온 시민들로 북적대고 있었다. 아이들은 즐거운 표정으로 분수 사이를 뛰어다니며 활짝 웃고 있었다. 덩달아 흥겨운 마음에 기념 사진이나 하나 찍어야겠다는 생각에 카메라 셔터를 누르다가 갑자기 의아한 생각이 들었다. 이순신 동상과 광화문 광장 중앙 물길이 살짝 틀어져 있는 것이 아닌가.

순간 나는 뭔가에 홀린 사람처럼 멍하니 고개를 들어 광화문 광장과 경복궁을 요리조리 살피고 있었다. 그러던 중 다리가 땅에 들러붙어 옴짝달싹 못할 만큼 충격에 사로잡히고 말았다.

어! 길이
비뚤어졌네?

광화문과 광화문 광장은 서로 어긋나 있었다. 광화문을 경복궁의 축에 맞춰 복원하다 보니, 조선총독부의 축에 맞춰 건설한 세종로와 15° 정도 어긋나 버린 것이었다. 대한민국 역사의 한 복판, 조선 왕조로부터 이어져 내려오는 역사의 정통성을 상징하는 광화문 대로가 비뚤어져 있다는 걸 누가 상상할 수 있었을까?

광화문과 관련된 문헌을 찾아보니 원래 광화문 앞길은 경복궁과 살짝 비틀어져 있었다고 한다. 조선 시대에 도시 계획을 할 당시부터 관악산의 화기(火氣)를 막기 위해 경복궁의 주작대로(광화문~숭례문)는 광화문 앞길 130m 구간만 경복궁과 같은 축선으로 배치하고, 그 다음부터 종로 입구까지는 도로의 중심이 동쪽으로 최대 39m 가량 틀어진 구조로 조성했기 때문이다. 이런 사실은 1912년 조선총독부가 제작한 육조거리 도면인 '경성부 지적원도'를 통해서도 확인할 수 있다고 한다. 2010. 9. 2. 〈조선일보〉, 광화문 앞 큰 길이 경복궁 배치축과 틀어져 있는 이유는?

조선 시대에는 경복궁의 축과 주작대로현 세종로가 지금처럼 완전히 틀어져 있지는 않았다. 기사에서 인용했듯이 최소한 광화문 앞 130m의 도로는 광화문으로부터 직선으로 뻗어 있었

광화문 광장의 어제와 오늘 왼쪽 사진은 2010년 광화문 광장(출처 : 조선일보)이고,
오른쪽 사진은 1974년의 세종로 모습이다.(출처 : 서울 역사박물관)

다. 그러나 일본은 조선총독부 건물을 경복궁 축과 비틀어지
게 짓고 조선총독부에서 육조거리를 지나는 길을 조선총독부
의 축에 맞춤으로써 조선의 정기를 약화시키려고 한 것이다.
그럼에도 불구하고 일제로부터 해방된 지 수십 년이 지난 후에
도 바로잡지 못한 채 오늘의 세종로 건설이 이루어진 것이다.
따라서 조선총독부가 비틀어지게 만든 도로의 중심축 위에 세
워진 이순신 동상1968은 2010년에 광화문이 원래의 자리로 이

동하자 중심에서 틀어지게 된 것이다.

　이렇게 광화문은 조선총독부 축과 조선 왕궁 축이 교차하는 자리에 서서 왜곡된 우리 근현대사의 얼굴을 그대로 반증하고 있었다. 한 편의 코미디처럼, 그러나 슬프게도 단순한 해프닝이 아니라 한국 근현대사의 한복판을 가로지르는 사건이라는 생각이 머리를 스쳤다.

가짜는 언제나
가짜일 뿐

그날 이후 나는 학교에서 배운 '이순신'이 아니라 우리 근현대사에 나타난 하나의 문화 현상으로 '이순신'을 바라봐야겠다고 생각했다. 그리고 이순신을 어떻게 표상화하고, 어떻게 다루어 왔는가에 초점을 맞춰 다시금 자료를 살펴보았다. 그 결과는 이순신 장군이 무덤에서 벌떡 일어날 만큼 충격적이었다. 임진왜란이란 풍전등화의 위기에서 나라를 건진 '민족의 성웅'은 온통 왜색과 사기 사건에 연루되어 만신창이가 되어 있었다.

　그러던 중 뜻밖의 소식을 접하게 되었다. 광화문 광장에 서 있던 이순신 동상이 40년 만에 붕괴 위험에 처했다는 것이었

육조거리 3차원 복원도 1912년 경성부 지적원도를 토대로 광화문 앞 육조거리를 3차원으로 재구성한 복원도(아래)이다. 왼쪽 그림은 경성부 지적원도 중 육조거리 부분이다. 광화문에서 육조거리를 지나는 길이 지금과 다르다는 것을 확인할 수 있다.

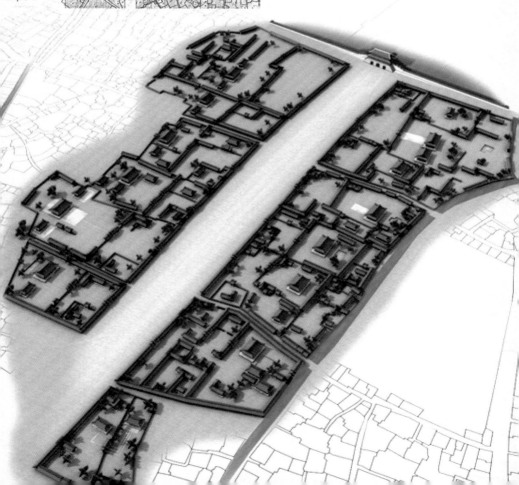

복원 이전의 광화문 일대 모습 1965년에 촬영된 항공 사진. 일제가 경복궁 안에 조선총독부를 지으면서 고의적으로 경복궁의 축과 비틀어지게 설계했다는 의심을 지울 수 없다. 사진을 보면 조선총독부의 건물 축과 그 앞의 도로 축이 90도인데 반해 경복궁 축이 비틀어져 있음을 확인할 수 있다. 조선총독부는 남산 왜성대의 통감부 청사를 사용하다가 사무 공간 부족을 이유로 1926년에 경복궁 흥례문 구역을 헐고 건립하였다(출처 : 국가기록원).

복원 이후의 광화문 일대 모습 일제는 조선총독부를 건설하면서 광화문을 철거, 건청
문 옆으로 이전했다. 그러나 이마저도 6 · 25 전쟁 당시 폭격으로 석축만 남고 전소되
었다. 1968년 박정희 대통령의 지시로 복원되었으나, 원래의 자리가 아니라 조선총독
부 건물 축에 맞추어 건립되었으므로 진정한 복원이라고 하기 어려웠다. 위 사진은 현
재의 광화문이 복원되기 이전의 것으로, 세종로와 광화문 그리고 고궁박물관이 모두
틀어진 모습을 확인할 수 있다(출처 : 구글어스 항공사진).

다. 서울시가 내시경을 이용해 내부를 진단해 본 결과, 내부 부식이 많이 진행되어 이대로 두면 무너질 가능성이 있다는 것이었다. 2010. 2. 3. 〈MBN 뉴스〉, 겉으론 멀쩡…… '속썩은' 이순신 동상.

설마 그렇게까지 황당한 일이 벌어질 수 있을까 하는 생각이 들면서도 내심 걱정되지 않을 수 없었다. 얼마 지나지 않아 서울시가 보수 공사를 위해 제작에 참여한 사람들을 찾아냈다는 보도가 있었다. 그들의 증언은 동상 제작 당시부터 심각한 문제가 있었다는 것을 증명하고 있었다.

구리 공급이 어려워 탄피를 사용하려 했지만 주물이 제대로 주입되지 않아 이를 모두 버렸고, 해체된 선박에서 나온 엔진, 놋그릇, 놋숟가락 등의 일반 고철이 투입됐다. 그러나 이마저도 양이 모자라 재료가 조달되는 대로 작업을 하다 보니 동상 재질과 두께가 고르지 못했고, 색상도 균일하지 않아 청동 고유의 색을 내지 못해 짙은 청록색의 페인트와 동분을 섞어 표면을 칠했다.

– 2010. 3. 29. 〈매일경제〉, 「40년 전 광화문
이순신 장군상 제작 비화 공개」 중에서

결국 2010년 11월 14일, 이순신 동상은 건립 42년 만에 보수를 위해 철거하여 경기도 이천 공장으로 옮겨졌다.

동상이 철거되는 날, 그곳에 가서 40년 만에 붕괴 위험에 처한 쓸쓸한 동상을 막막한 심정으로 바라보았다. 그리고 장군의 뒷모습을 생각하며 나는 '광화문 동상의 5대 의혹'이란 글을 써서 한겨레에 기고했다. 껍데기로만 치장된 짝퉁 이순신은 이 길로 영원히 사라지기를, 가짜는 가고 튼튼한 진짜들만 우리 곁에 남아 있기를 바라는 마음이었다.

한겨레신문 기고 이후에 각계의 뜨거운 관심과 호응이 있었다. 한편 격렬한 반대에 부딪히기도 했으나 내 생각은 확고했다. 가짜는 언제까지나 가짜일 뿐, 시간이 흐르고 노력한다고 해서 가짜가 '가치 있는 진실'로 변할 수 없는 일이었다.

그로부터 약 40일이 지난 12월 22일, 보수를 마친 이순신 동상은 광화문으로 돌아왔다. 이날 오세훈 시장 등이 참석한 가운데 동상의 무사 귀환을 알리는 환영 행사가 열렸고, 역사의 한 장면을 직접 목도하기 위해 나 역시 현장에 서 있었다.

사무라이 정신을 상징하는
일본 특산종 금송이
현충사에?

2012년 2월 14일, 나는 또다시 패배했다. 서울 행정고등법원 제

1재판부가 '현충사 본전에 식재된 박정희 대통령 기념 식수를 제거 혹은 이전해 달라.'는 청구를 기각한 것이다.

　1970년 박정희 대통령이 현충사에 심은 나무는 일본 특산종 '금송'이었다. 게다가 그 나무는 조선 점령을 기념하고자 일본 관료가 총독 관저에 심었던 나무에서 파생된 것이었다. 이와 같은 나무가 현충사 본전에 식수되어 있다는 것은 이해할 수 없는 일이었다.

　금송 문제에 대한 지적은 정부 측에 의해 먼저 제기되었다. 1991년 노태우 대통령은 현충사를 방문한 뒤, '현충사의 왜색 조경'을 정리하라는 지시를 내렸다. 이를 토대로 입안되었던 '현충사 조경 계획안'의 제1항은 '금송을 본전 밖으로 이전한다.'였다. 그러나 법원은 끝내 현충사 금송에 대한 나의 청구를 받아들이지 않았다. "현충사 본전 내 금송은 외래 수종이나 현충사 성역화 당시 고 박정희 대통령이 헌수한 기념 식수목으로 시대성과 역사성 등을 나타낸 것으로 그대로 존치하는 것이 바람직하다."는 문화재위원회의 결정을 존중한 것이었다.

　고등법원에서 패소한 뒤, 나는 쓸쓸한 마음에 현충사에 다녀왔다. 아직 봄이 오지 않은 현충사는 스산했다. 이순신 영정에 분향하고, 박정희 대통령이 심은 금송을 물끄러미 쳐다보았다. 겨울철의 추위를 꿋꿋이 이겨내고 푸르게 서 있는 금송의 날카로운 모습에서 사무라이의 기상이 풍겨나오는 듯했다.

현충사 본전의 금송 박정희 전 대통령이 현충사 본전에 기념 식수한 일본 특산종 금송. 나무 앞에 박정희 대통령이 헌수하였다는 표지판이 있다. 금송은 낙우송과의 상록침엽 교목으로 높이는 약 15m 정도에 이른다. 나뭇잎은 고무로 만든 것처럼 말랑말랑하여 이국적인 느낌을 준다.

이런저런 생각에 금송을 바라보고 있노라니 금송에게 미안한 마음이 들기도 했다. 나무가 무슨 잘못이 있단 말인가. 시대와 인연이 어긋나 무슨 원수가 된 것처럼 싸우고 있다는 사실에 좀 머쓱했다.

나무에게
무슨 죄가 있으랴?

내가 바로잡고자 하는 것은 하나하나의 잘못이 아니라 우리 시대에 만연한 부실과 부조리였다. 현충사 금송이 제거 또는 이전되었다고 해서 내가 바로잡고 싶어하는 일들이 완결되는 것은 아니다. 그러나 이렇게 한걸음 한걸음 걷다 보면 언젠가 각성한 시민들과 든든한 어깨동무를 하고, 그 연장선상에서 좀 더 아름다운 세상을 구현할 수 있지 않을까. 그 길의 끝은 아마도 진실, 양심, 불국토와 맞닿아 있을 것이라는 희망이 나를 가득 채우고 있었다.

서울 행정 고등법원에서 패소한 후, 대법원에 상고하기보다 이순신에 대한 한 권의 책을 써야겠다고 결심했다. 작은 샘물이 졸졸 흘러나와 냇물이 되고 강물을 이루어 결국 바다로 가는 것처럼, 이순신으로 둔갑한 가짜들을 벗겨 내기 위한 움직임이 우리 사회의 거짓과 위선을 벗겨 내고 '진실을 구현'하는 세상으로 이어지기를 염원하는 마음에서였다.

이러저러한 고민의 흔적을 토대로 이순신을 둘러싸고 있었던 각종 거짓과 위선을 정리하여 세상에 내놓는다. 그런 면에서 이 책은 이순신을 놓고 각종 이권에 얽혀 사기극을 반복해 왔던 우리 시대의 슬픈 자화상이다.

아니다.
이 책은 시대의 무거운 짐을 어깨에 지고 살아갔던 고독한 영웅에게 바치는 참회의 눈물이다.

一揮掃蕩 血染山河
일휘소탕 혈염산하 : 한칼에 쓸어버리니, 붉은 피가 산하를 물들이도다.

문득 가슴이 뜨거워진다. 껍데기는 가라.

閑山섬달밝은밤에 戌樓에혼자앉아
큰칼엮혜차고 깊흔시름하는次에
어듸서一聲胡茄는 斷我腸을하느니

李忠武公 閑山島歌

우승우 작, 〈충무공 이순신〉

이순신 동상의
진실

2010년 11월 14일 광화문을 지키고 있던 이순신 장군이 쓰러졌다.
1968년 4월 광화문 네거리에 자리 잡은 지 42년 만의 일이다.
이곳에 동상이 서게 된 것은 박정희 대통령이 "일제 때에 변형된 조선 왕조의 도로 중
심축을 복원하기에는 돈이 너무 많이 들지만 그 대신 세종로 네거리에 일본이 가장 무
서워할 인물의 동상을 세우라."고 지시한데서 비롯되었다고 한다.
그때부터 지금까지 40년이 넘는 세월 동안 대한민국의 한복판에서 '온갖 역사적 사건'
을 지켜보던 이순신 장군은 '속이 썩어 붕괴 위험'에 처했고, 이에 장장 40일 동안 입
원 치료를 받았다.
이순신은 우리에게 무엇이었을까?

광화문 이순신 동상의
5대 의혹

2010년 11월 14일, 광화문을 지키고 있던 이순신 장군이 쓰러졌다. 1968년 4월 광화문 네거리에 자리 잡은 지 42년 만의 일이다. 동상이 이곳에 서게 된 것은 박정희 대통령이 "일제 강점기에 변형된 조선 시대 도로 중심축을 복원하기에는 돈이 너무 많이 드니, 그 대신 세종로 네거리에 일본이 가장 무서워할 인물의 동상을 세우라."고 지시한 것에서 비롯되었다고 한다조각가 김세중 측의 전언. 그때부터 지금까지 40년이 넘는 세월 동안 대한민국의 한복판에서 '온갖 역사적 사건'을 지켜보던 이순신 장군은 '속이 문드러져 붕괴 위험'에 처했고, 40일 동안 입원 치료를 받기에 이르렀다.

이순신은 우리에게 무엇이었을까?

그는 이름만으로도 '역사적인 인물'을 넘어, 우리에게 큰 울림을 준다. 그것은 패배와 설움에 북받쳐 발버둥친 질곡의 조선 역사가 남긴 '승리의 상징', 부당한 권력과 권모술수를 극복하고 자신이 옳다고 생각한 길을 걸어간 '올곧음'에 바치는 겨레의 찬사이다. 하물며 나라를 빼앗겨 40년 가까이 일본에게 종살이를 했던 우리에게 그는 '구국과 항일'의 구심점으로 손색이 없는 인물이다. 그가 쓰러졌다는 소식이 '광화문 현판에 금간 소식'보다 '쿵'하고 내려앉는 느낌을 주는 것은 그런 이유였을 것이다.

대부분의 사람들이 그렇듯 동상을 가까이에서 살펴본 적이 없었던 나는 기대와 설렘으로 광화문 이순신 동상 앞으로 가 보았다. 새롭게 조성된 세종대왕 동상을 지나 이윽고 이순신 동상 뒤편으로 다가선 순간, 충격에 그만 비명을 지르고 말았다.

'헌납'

이순신 동상 뒷편의 표지판에는 그렇게 쓰여 있었다. 순간, 사람이 있는 줄도 모르고 화장실 문을 연 사람처럼 놀라움과 당혹감에 사로잡혔다. 헌납이란 단어는 천황폐하의 만수무강과 대일본제국의 승리를 위해 바쳤던 '비행기 헌납' 같은 일들을 연상시켰다.

이순신 동상 표지판 이순신 동상 뒤에 있는 동상 표지판(위). 이 표지판에는 '박정희 헌납'이란 글자가 또렷하게 새겨져 있다.

대통령 박정희도 아닌 개인 박정희가 '이순신 동상'을 헌납
했다면 그 대상은 누구였을까? 국가? 민족? 설마 일본 천황?
'헌납'이란 생소한 단어가 던진 의문이 꼬리에 꼬리를 물었다.

혹 떼러 갔다가 혹 붙인 느낌으로 더욱 울적해진 나는 그곳
에서 한때 '이순신 동상과 관련된 음모'라는 유언비어가 떠돌
던 적이 있었음을 기억해 냈다. 군사 독재정권의 유지를 위해
세종로에 이순신 동상을 세웠다는 류의 소문이었다. 호기심
이 발동한 나는 '이순신 동상'과 관련된 여러 가지 자료를 살

펴보기 시작했다. 그 과정에서 심각한 문제가 있음을 확인하게 되었다.

1977년 5월, 서울 시민들의 불만은 최고조에 달하고 있었다. 문화재 전문가들이 여러 차례에 걸쳐 이순신 동상의 건립 과정에서 고증이 잘못되었음을 지적하였고, 이에 서울시가 '문화공보부 영정심의위원회'에 정확성 여부를 심의해 줄 것을 요청한 것이 발단이었다. 시민들은 "성웅의 조상(彫像)을 그렇게 만들 수 있느냐?"며 관계 당국을 성토했고, 서울시는 1979년

세종로 충무공 동상이 잘못됐다 이순신 동상의 얼굴이 표준 영정과 다르다는 점을 비롯, 동상과 관련한 여러 가지 문제점을 지적한 신문 기사(1977. 5. 10. 동아일보).

5월 문공부에 이순신 동상을 다시 만들어 세울 것을 요청했다. 결국 허가가 떨어졌으나 박정희 대통령의 죽음 이후 펼쳐진 어수선한 정국으로 이 결정은 실행되지 못했다.

도대체 이순신 동상에 어떤 문제점이 있었던 것일까? 얼마나 심각한 문제이길래 동상을 다시 세우려고 했던 것일까?

왼손에 칼을 든 이순신 왼쪽 사진은 이당 김은호의 이순신 장군 영정(현 국립현대미술관 소장)이고, 오른쪽 사진은 김경승이 만든 이순신 조각상(현 국회의사당)이다. 두 사진 모두 광화문 동상과는 다르게 왼손에 칼을 들고 있다.

이순신 장군은 과연
항복하는 장군의 모습인가?

이 문제의 핵심은 칼을 오른손에 들고 있다는 점이다. 따라서 왼손잡이가 아닌 이상 칼을 뽑을 수 없는 모습이고 이는 항복한 장수로 오인될 수 있다는 점이다. 조상(彫像)을 만든 김세중 측은 이 점에 대해 "장군이 왼손잡이일 리는 없지요. 왼손에 칼을 쥐고 있다가 오른손으로 뽑는 게 논리적으로는 맞습니다. 하지만 그건 전쟁 때의 상황입니다. 동상의 콘셉트는 전쟁이 끝난 뒤 이긴 자의 모습입니다. 오른손으로 뭔가를 쥐고 있다는 건 상징적인 의미도 있습니다."라고 말했다.

그런데 이런 해명은 이순신의 다른 동상 혹은 영정 등과 비교할 때 잘 납득이 가지 않는다. 특히 이당 김은호가 그린, 한산도 충무사 영당에 봉안됐던 영정을 주목할 필요가 있는데, 김세중은 동상 조성 당시 "갑옷의 모양은 이당 김은호 화백의 이순신 영정을 참조했다."고 말했다. "갑옷만을 참조했다."는 김세중의 진술을 충분히 감안하더라도, 이순신 동상의 칼이 이당의 영정과는 다르게 오른손에 칼을 잡게 된 것은 이해하기 어려운 점이 있다. 김세중 측의 말처럼 "전시가 아닌 평화의 시기"를 상징하기 위해 그렇게 한 것인지, "작가의 단순한 불찰"로 인한 것인지는 생각해 볼 문제이다.

이순신 장군의 칼은
일본도이다?

이순신 장군의 칼이 일본도라는 지적에 대해 김세중 측은 "현충사의 칼은 일본도가 맞습니다. 197.5cm나 되는 긴 칼에 대해서는 기록이 있습니다. 일본에 끌려갔던 도장(刀匠) 태구련 태귀련 혹은 태귀운이라는 설도 있다, 이무생이 장군에게 잡혔어요. 장군은 '첩자가 아니냐?'고 문초한 뒤 칼 두 자루를 만들라고 지시했습니다. 이 두 사람은 일본에서 일본도를 만든 사람들입니다. 일본도는 당시로서는 최신예 검(劍)이나 마찬가지였습니다. 동상의 칼은 현충사 칼을 모델로 했지만 실제 비율보다 축소한 것입니다."라고 대답하였다. 또한 "칼이 한국의 검이냐 일본도냐를 따지는 건 의미가 없다고 봅니다. 칼 자루에 '석자의 칼로 하늘에 맹세하니 산하의 색이 변하는도다. 한바탕 휘둘러 쓸어 없애니 강산이 피로 물드는구나(三尺誓天山河動色 一揮掃蕩血染山河)'라고 적혀 있습니다."고 말했다. 현충사의 이순신 장검이 지닌 본연의 의미, '일본을 물리치겠다는 의지의 표현'이 강조되어야 하지 '일본도냐 아니냐는 중요하지 않다.'는 뜻이다.

　현충사에 소장된 이충무공(李忠武公) 장검 보물 제326호은 조선식 쌍수도(雙手刀)에 속하며, 무예도보통지 조선 정조 때, 왕명에

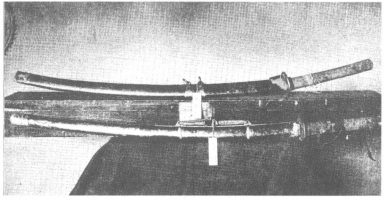

이순신 장군의 칼 위 사진은 광화문 동상의 칼이고, 아래 사진은 이순신 장군이 실제 전장에서 사용했다던 쌍룡검이다. 쌍룡검은 1910년에 촬영되어 『조선미술대관』에 수록되었으나 일제 강점기를 거치면서 행방이 묘연해졌다.

따라 이십사반 무예를 그림으로 풀어 설명한 책에 "장검, 용검, 평검이라고
도 불리며, 칼날 길이 5척^{동초인 1척}, 자루 1척 5촌, 7척짜리로 볼
수 있다."고 정의되어 있다.

이 칼은 실전용이 아닌 의전용이므로 길이가 1m 97cm, 칼
집에 넣었을 때는 2m를 넘는 크기이다. 만약 이 칼을 짚었다
면 당연히 키보다 높은 칼을 묘사해야지 허리 정도까지 오는
칼로 표현될 수는 없다. 허리에 차는 칼, 혹은 그보다 작은 칼
을 묘사하려면 이순신 장군이 패용한 실전용 칼 '쌍룡검'을 묘
사해야 한다. 그럼에도 불구하고 이순신 장군의 장검 길이를
축소, 일본도를 만들어 놓고 '현충사의 칼'이 일본도라는 변명
은 받아들이기 힘들다.

단적으로 말한다면 세종로 이순신 동상이 들고 있는 장검(長
劍)은 보물 제326호 이충무공(李忠武公) 장검과는 아무런 상
관이 없다고 할 수 있다. 길이뿐만 아니라 칼날의 곡률(曲率)을
보더라도 이충무공 장검이 상당히 큰 곡률을 갖는 데 비해 세종
로 동상의 장검은 거의 직선에 가까울 정도로 작다. 동상의 칼
은 일본도 혹은 일본도의 변형일 뿐이다._{2004. 10. 9.〈동아일보〉, 광}
_{화문 네거리 이순신 동상 칼은 일본도.}

이순신 장군의 갑옷은
중국 갑옷?

조선식 갑옷은 두루마기처럼 입는 형태로 만들어지고, 중국식 갑옷은 덮어 쓰는 형태로 만들어진다. 어깨 부분이 조각으로 덮여져 있는 갑옷 모양을 볼 때, 이순신 동상의 갑옷은 조선식이 아니라 중국식 갑옷인 것이 명백하다.

이에 대해 김세중 측은 자신의 과오로 이순신의 갑옷이 중국식으로 표현된 것을 '갑옷의 모양은 이당 김은호 화백의 이순신 영정을 참조했고, 복식 전문가인 석주선 씨의 고증도 얻은 것'이라고 변명하고 있다.

하지만 이 말은 정확한 고증과 연구를 거치지 않고 그저 조선 왕릉의 무인석(武人石) 몇 점을 참조했을 뿐이란 소문을 다시 한 번 입증하는 말이다. 복식 전문가의 조언을 얻었다면 '이당의 초상이 중국식 갑옷임을 알았을 것'이기 때문이다. 이는 이 동상이 얼마나 '객관적 고증과 연구'없이 진행되었는가를 단적으로 보여 주는 실례라고 할 수 있다.

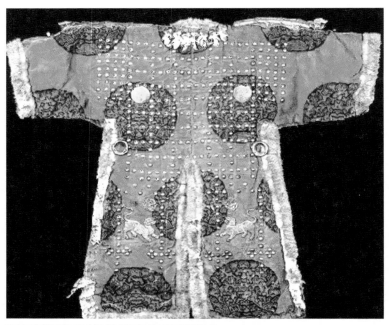

이순신 동상의 중국식 갑옷 조선 갑옷(위 사진)은 두루마기처럼 입는 형태로 만들어져 있다. 중국식 갑옷(왼쪽 사진)은 피박(披膊)형 갑옷으로 어깨와 가슴 부분을 보호하기 위해 두르는 일종의 망토형 방호구이다(민승기,『조선의 무기와 갑옷』에서 인용).

이순신 장군의 얼굴은
왜 표준 영정과 다른가?

광화문 동상의 얼굴을 놓고도 지적 사항이 많았다. 특히 현충
사에 걸려 있는 국가 표준 영정과 일치하지 않는다는 비판이
있었다. 이에 김세중 측은 "장군의 실제 모습이 전해오는 영정
은 없으며, 1953년 월전 장우성 화백께서 그리신 영정이 1968
년 광화문 충무공 동상 제작 5년 후인 1973년에 이순신 장군
의 표준 영정으로 지정된 바 있습니다."^{김세중기념사업회 홈페이지.}라
고 변명하고 있다. 나아가 조각가인 김세중과 비슷하다는 주
장까지 있었다. 이에 대해 그의 아내인 김남조 시인은 조선일
보와의 인터뷰에서 "다빈치가 그린 모나리자가 다빈치를 닮았
다는 이야기가 있지요. 예술가들은 얼굴을 그리거나 조각할 때
은연중에 자기 얼굴과 비슷하게 한다고 하지만 작가와 닮았다
는 말을 가족 입장에서 할 수는 없는 겁니다. 나라의 큰 인물과
비교할 수 없지요."라고 대답했다.

  김세중 측의 입장을 정리하자면, 현충사 이순신 영정이 '표
준 영정'이 된 것은 동상이 제작된 지 5년 후인 1973년의 일이
므로 참조할 필요가 없었고, 따라서 '표준 영정과 일치하지 않
는다.'는 입장이다. 김세중은 조각상을 건립하면서 당시에 존

두 개의 얼굴 왼쪽 사진은 광화문 이순신 동상의 얼굴이고, 오른쪽 사진은 조각가인 김세중의 얼굴(출처 : 네이버 인물 정보)이다.

재했던 이순신의 영정 중 아무것도 참조하지 않았다는 것을 스스로 밝힌 것이다.

　앞의 사진들은 당시까지 그려진 이순신 영정 중 대표작이고, 이순신과 관련된 주요 장소에 실제로 걸려 있던 영정이었다. 그런데 김세중은 이들 중 어떤 것도 참조하지 않았다. 특히 월전 장우성의 그림은 1953년도부터 현충사에 봉안되어 있었고, 당시 100원짜리 동전과 500원짜리 지폐 등에 사용되던 시점이었다.

　갑옷은 이당의 그림을 참조하였다고 밝힌 조각가가 얼굴은

두 개의 얼굴 왼쪽은 청전 이상범의 이순신 장군(1932)이고, 오른쪽은 조선 시대에 그려진 이순신 장군의 초상(작자 미상)이다.

어떤 영정도 참조하지 않았다는 점은 무엇을 말하는가? 이것은 '철저한 고증과 연구'를 거치지 않고 본인 임의로 판단했다는 것을 의미한다. 동상, 초상화 등은 '작가의 개성'을 억제하고 역사적 고증에 충실하게 이루어져야 하는 작업임이 주지의 사실이다. 당시 유명한 영정들과의 비교 연구 없이 1973년에야 '표준 영정'이 지정되었기 때문에 참고하지 않았다는 말은 옹색한 변명에 불과하지 않을까?

나아가 김세중 측의 "예술가들은 얼굴을 그리거나 조각할 때 은연중에 자기 얼굴과 비슷하게 한다."는 말은 다른 사람의

광화문 동상의 북과 노량해전도의 북 광화문 이순신 동상 좌대 아래에 있는 두 개의 북은 누워 있다. 반면 노량해전도(작은 그림, 제승당 소장)의 북은 세워져 있어 전투를 독려하는 모습을 보여 준다.

초상화 혹은 동상을 제작하는 사람에게 있어서는 적절치 않은 듯하다. 안중근 혹은 유관순의 얼굴을 그리거나 제작할 때, 제작자의 얼굴과 닮아 버린다면 '사실을 전달'하려는 제작 목적에 심각하게 어긋나기 때문이다. 그런 면에서 이순신 장군의 얼굴이 김세중의 얼굴과 닮았다는 문제 제기에 대한 "예술가들은 얼굴을 그리거나 조각할 때 은연중에 자기 얼굴과 비슷하게 한다."는 답변은 받아들이기 어렵다.

장군이 지휘하는 북은
왜 누워 있는가?

전장에서 북은 '전쟁을 지휘'하는 장수의 지시이다. 이에 전장의 북을 '독전고督戰鼓 : 전투를 독려하는 북'라고도 부른다. 평화시에도 북은 전쟁을 예고하거나 사람들을 불러 모을 때 쓰인다. 설화에 나오는 '자명고自鳴鼓 : 스스로 울리는 북'는 낙랑국을 외적의 침입으로부터 지켜 주는 국방의 상징이다. 그런데 광화문 동상 앞의 북은 옆으로 뉘여져 있다. 따라서 이순신 장군이 전투를 지휘하는 모습이 연상되지 않는다.

이는 전장을 독려하고 군사를 호령하여 '불패의 신화'를 만들어 낸 '용맹한 이순신'의 이미지와 정면으로 배치된다. 이순신 장군의 마지막 전투인 '노량해전'에서 장군은 적군의 탄환을 맞은 뒤, '자신의 죽음을 알리지 말라.'며 조카인 이완에게 '계속해서 북을 쳐 전쟁을 독려'한 것으로 알려져 있다.

19일 새벽, 이순신이 한창 독전하다가 문득 지나가는 탄환에 맞았다 …… 때에 이순신의 맏아들 회와 조카 완이 …… 곧 시신을 안고 방안으로 들어갔기 때문에, 오직 이순신을 모시고 있던 종 김이와 회와 완, 세 사람만이 알았을 뿐 친히 믿던 부하 송희립 등도 알지 못했다. 그대로 기를 휘두르면서 독전하

49
이순신 동상의 진실

기를 계속했다.

- 『이충무공 전서』의 「이분 행록」 중에서

제승당에 걸린 '노량해전도'는 이런 역사적 전거에 입각해 북 옆에서 쓰러진 이순신 장군을 묘사했다. 물론 북은 똑바로 서서 언제라도 장군을 맞을 태세로 그려졌다.

민족의 가슴 속에 새겨진 이순신 장군 최후의 모습, 혹은 불패의 장군으로서 지휘하는 모습을 형상화하지 못하고 북을 뉘여 놓은 것은 '최악의 실수'라 지적하지 않을 수 없다.

참고 자료

동아일보(1977. 5. 10) 세종로 충무공 동상이 잘못 되었다 - 다시 만들기로
동아일보(1977. 5. 12) 충무공의 영정 동상 고증이 잘못됐다
조선일보(2009. 1. 31) 이순신 동상과의 대화······ 김남조 시인에게 듣다
동아일보(2004. 10. 9) 광화문 네거리 이순신 동상 칼은 일본도
재단법인 김세중 기념사업회 홈페이지

보론1 친일파가 만든
국회의사당의 이순신 조각상

2008년 10월 25일, SBS 8시 뉴스는 국회 본청 중앙 현관에 위치한 이순신 조각상이 중국 갑옷을 입은 일본 무사의 모습을 하고 있다고 보도했다. 2008. 10. 25. 〈sbs〉, 국회 현관 충무공은 '중국 갑옷 입은 일본 무사?' 조선의 전통 갑옷은 두루마기처럼 한 벌로 이뤄진 포형(袍形)인 반면 이순신 장군상의 갑옷은 어깨, 몸통, 하체의 보호대가 각각 분리된 중국식 피박(披膊)형 갑옷이었다. 투구도 각이 없는 원통형으로 조선 시대의 것과는 차이가 난다는 설명이었다.

  칼을 쥔 모양도 문제였다. 우리나라의 전통 검법은 날을 아래나 앞쪽으로 향하게 잡는데, 국회 이순신 조각상은 날을 뒤쪽으로 잡는 전형적 일본식 검법을 따르고 있었다. 칼 자체도 일본식 양날검으로 판명됐다.

국회에 있는 이순신 조각상 친일파로 알려진 김경승의 작품으로, 국회 본청 중앙 현관에 있다.

이 동상의 제작자 김경승(金景承)은 서양화가 김인승의 친동생으로, 친일 형제로 유명했다. 김경승은 1937년 조선미술전람회약칭으로 '선전'이라고 한다에 입선하였고, 1943년에는 추천 작가가 되었다. 추천 작가로 선정된 이후의 작품까지 합해 총 5점의 인물 조각 작품을 '선전'에 출품하였는데, 노동 복장을 한 애국반원 조선 여성이 허리춤에 물통을 찬 채 한 손에는 발 밑에서 머리 끝까지 가는 찍개를 들고 서 있는 모습을 묘사한 〈제4반〉1944년 작은 작품 전부가 일제의 구미에 맞는 시국성을 띠고 있다는 비판을 받았다. 특히 그는 관변 조직으로 결성된 친일 미술인 단체인 조선미술가협회에서 조각부 평의원을 맡기도 했다.

이같은 행적으로 인해 친일 혐의가 뚜렷하던 김은호 등과 더불어 광복 후 조선미술건설본부에서 제외되었다. 그러나 1950년대부터 이순신, 안중근, 더글러스 맥아더 등과 현직 대통령인 이승만 동상을 제작하면서 동상 제작 전문가로서 활동을 재개했다. 그러다가 5·16 군사정변 이후에 정부와 좀 더 유착한 행보를 보였다. 수유리의 4월학생혁명기념탑을 만들어 3·1 문화상을 수상한 것을 시작으로, 수많은 동상을 만들었으며 불국사 다보탑과 석가탑을 복원하는 일을 맡기도 했다.

이화여자대학교와 홍익대학교 교수로, 대한민국예술원 회원, 대한민국미술전람회 심사위원으로 활동하면서 대한민국 조각계와 미술계에서 커다란 영향력을 행사했다. 제5공화국 때는 평화통일정책자문위원을 지냈으며, 은관문화훈장1982을 수상하기도 했다. 2008년 민족문제연구소가 정리한 친일인명사전 수록 예정자 명단 중 미술 분야에 선정되었다.〈위키백과〉.

그는 "일본인의 의기와 신념을 표현하는 것은 새 생명을 개척하는 대동아전쟁 하에 조각계의 새 길을 개척하는 것이다. 나는 이같이 중대한 사명을 위하여 미력이나마 다하여 보겠다."는 유명한 친일 발언을 남기기도 했다. 그가 만든 안중근 동상은 서울 남산 안중근 의사 기념관에 설치돼 있다가 철거되었으나 백범 김구 동상은 아직도 남산 백범광장에 그대로 존치되어 있다.정운현, 〈남산 백범 동상을 바꾸어야 하는 이유〉, 미술가 김인승·경승 형제.

이런 문제를 의식한 듯 2008년 10월, 한나라당 홍준표 원내대표는 국회 이순신 조각상의 문제점을 반드시 개선하겠다는 의지를 밝혔다. 그는 2008년 10월 28일 국회에서 열린 당 원내 대책회의에서 "이순신 조각상이 중국식 갑옷에 일본식 칼을 들고 있다는 지적이 있는데, 이것이 사실이라면 참 부끄러운 일"이라며 "복식 고증을 통해 반드시 개선하겠다."고 말한 바 있다. 국회 운영위원장이기도 했던 그는 운영위 간사인 주호영 원내 수석부대표에게 국회 사무처 측과 복식 고증을 협의한 뒤 10월 30일 열리는 국회사무처에 대한 운영위 국정감사에서 시정을 요구하도록 당부했었다. 2008. 10. 29. 〈서울신문〉, 중국 갑옷 입고 일본도 찬 국회 이순신 장군상 30년 만에 제 모습 찾는다.

그러나 국회 이순신 조각상은 철거되지 않았다. 이에 국회 행정안전위원회 소속 이명수 의원 충남 아산 은 2011년 6월 20일 "국회는 언론에 이러한 문제 제기가 이뤄지자 예산 문제 등을 이유로 새로운 조각상 제작 없이 국가기록원 등 타 기관으로 이관 계획을 수립했지만 더 이상의 진전이 없다."고 밝히고, 기자 회견에 이어 국회의장실을 방문해 조각상 철거에 대한 건의 사항을 전달했다. 그러나 국회사무처의 한 사무관은 "친일 행적이 뚜렷한 사람이 만들었지만 국가 소유물이어서 폐기 절차가 쉽지 않다. 폐기 처분에 대한 예산이 반영되지 않은 상황이며 국회사무처 예산이 많지 않기 때문에 쉽게 결정할 수 있는 사항이 아니다."라고 말했다. 2011. 6. 20. 〈아시아투데이〉, 아산시 기관 · 단체장협의회, 국회 이순신 동상 바로세우기 촉구.

지금까지도 국회 이순신 조각상은 철거되지 않은 채, 국회의 사당을 굳건히 지키고 있다.

세상에는 도저히 믿고 싶지 않은 이야기들이 있다. 정황상 사실일 가능성이 매우 클지라도 심정적으로 받아들이고 싶지 않아진다. '허용의 한계'라는 게 있기 때문이다. 이를테면 KAL기 폭파범 김현희와 관련된 것들이 그렇다. 그녀가 KAL기 폭파 진범이라고 주장했던 검찰이 그녀를 쉽게 석방했다는 것도 믿기 어려운 이야기이다. 사람들이 그녀의 미모에 반해 석방에 동의했고, 그녀가 쓴 『이젠 여자로 살고 싶어요』란 책이 날개 돋힌듯 팔렸다는 사실도 그렇다. 2010년 7월, 김현희가 일본을 방문하자 일본 정부가 헬기까지 동원해 도쿄를 구경시켜 주었다는 것도 믿을 수 없다. 그러나 이 모든 것은 사실이었다. 비록 믿을 수 없는 일들이었지만……

2010년 12월 8일, 한겨레신문에서 나는 도저히 믿을 수 없는 이야기를 발견했다. 광화문 이순신 동상의 좌대가 '일본 해군 발상 기념비'의 모습을 본딴 것이란 주장이었다. 눈앞이 캄캄해지고 가슴이 뛰었다. '설마 일방적 주장이겠지, 사실은 아니겠지, 우리가 그렇게까지 무감각하고 바보같은 짓을 하는 민족은 아니겠지……'라고 생각하며 그냥 지나치고 싶었다.

지난 2010년 11월, 나는 광화문 이순신 동상이 보수를 위해 좌대에서 내려진 뒤, 서울시에 공청회 제안서를 제출했다. 이순신 동상의 5대 의혹에 대한 진실 여부를 규명하자는 취지였다. 1968년 광화문 네거리에 이순신 동상이 건립된 뒤 너무나 많은 의혹과 문제 제기가 뒤따랐다. 심지어 서울시, 문공부, 박정희 대통령도 이 문제를 심각하게 받아들여 이미 1979년 5월 철거 및 대체 건립 결정을 내린 바가 있었다. 그런데 1979년 10월 박정희 대통령의 갑작스런 죽음으로 인해 아직까지 이순신 동상은 철거되거나 다시 만들어지지 않은 채 지금까지 남아 있게 된 것이다.

광화문 동상에 대해 5대 의혹을 제기한 뒤, 많은 언론들이 주목했고, 다양한 계층의 사람들이 질문과 비판을 보내 주었다. 문제 제기에 동의하는 사람들도 적지 않았지만, '박정희 대통령'의 성과를 지나치게 폄하하는 일이라며 언성을 높이는 사람도 있었다.

그럴 때마다 나는 이렇게 대답했다.

광화문 이순신 동상 철거는 박정희 대통령이 1979년 5월에 결
정한 사항입니다. 나는 이 동상 철거야말로 그분의 뜻을 이어
가는 일이라고 생각합니다.

나는 이순신 동상이 잘못 만들어진 것이 박정희 대통령이
나 작가 김세중의 불찰 때문이라고만 생각하지 않는다. 어쩌
면 동상은 우리가 일제 식민 지배의 잔재에 얼마나 찌들어 있
는지 그리고 그에 대해 얼마나 무감각한지를 보여 주는 작은
일면에 지나지 않는다. 그것은 식민 지배를 겪은 민족에게 상
처로 남은, '종살이 근성'으로 말미암아 나타난 여러 가지 양
상 중 하나에 불과하다.
한겨레신문은 기사를 통해 말했다.

수직으로 이순신 동상을 받친 부분과 그 앞 거북선이 곡선으
로 이어진 좌대 모양은 파도를 형상화한 수직탑 정면에 배가
놓여진 일본 해군 발상 기념비와 우연의 일치라고 볼 수 없는
유사성을 보인다.
　　　　　- 2010. 12. 13. 〈한겨레신문〉, 「이순신 장군 동상을
　　　　　　　　　　　　복원시키기 전에」중에서

광화문 이순신 동상(좌)과
일본 해군 발상 기념비(우)

忠武公李舜臣將軍像

'아니겠지, 아니겠지.' 하면서 일본 사이트에 접속해서 사실을 확인해 보았다. 일본 해군 발상지 기념비는 일본의 초대 텐노 신무(神武)가 '야마토 동정(東征)을 시작한 곳'을 기념하기 위해 세워졌다고 한다. 나는 사진을 보고 소스라치게 놀랐다. 마음속에서는 '아니다, 아니다.'라고 말하고 있었지만, 사진은 이순신 동상의 좌대와 놀라울 정도로 닮아 있었다. 특히 이순신 동상의 거북선과 일본 해군 발상 기념비의 배는 거의 비슷한 위치에 놓여 있었다.

눈이 무겁게 감겨 왔다.

그냥 우연의 일치일 것이다. 설마 일본 해군 발상지의 조형물을 보고서 이순신 동상 좌대를 만들지야 않았겠지. 시대와 공간을 뛰어 넘어 발상이 같아서 비슷해 질 수 있는 '교묘한 우연'이란 것도 있으니까⋯⋯. 조형 구조뿐 아니라 같은 자리에 배가 올려진 것까지도 유사할 수 있겠지. 혈연 관계가 아니어도 닮은 사람이 있는 것처럼⋯⋯.

이렇게 스스로를 위로해 본다. 설마 '일본 해군 발상지 기념비'를 보고 이순신 동상 좌대를 만드는 그런 행위를 어찌 감행했으랴! 우리가 그렇게까지 일제에 찌들린 존재였다고 비하하고 싶지는 않다.

　도저히 이 상황을 믿을 수가 없다.
　제발 이번만은 '설마'가 사람 잡는 일이 없기를⋯⋯.

보론3 이순신 동상에 대한 문제 제기, 그 후

그야말로 반응은 폭발적이었다. '한겨레 훅'에 칼럼을 게재한 뒤 사회 각층에서 다양한 목소리가 들려 왔다. 몇몇 라디오 방송과 인터뷰를 가졌고, 'KBS 4321'에서도 이순신 동상 문제를 다루었다. 이러한 사회적 논란 속에 40일 만에 이순신 장군은 광화문 광장으로 돌아왔고, 예전처럼 그 자리에 다시 서서 서울을 내려다보고 있다.

이 사건은 나에게 많은 생각을 하게 했다. 특히 동상 유지를 주장하는 사람들의 문제 제기는 납득하기 어려운 면이 있었다. 그 주장의 요지는, 박정희 대통령이 건립한 '성웅의 동상'을 철거하면 안 된다는 것이었고, 이미 40년이 넘는 세월 동안 서울을 지켜 왔으므로 비록 잘못되었다 하더라도 그 자체가 우리의 역사라는 입장이었다.

그런데 아이러니하게도 이순신 동상 철거를 결정한 것은 박정희 대통령이 서거하기 이전의 일이었다. 그러므로 오히려 동상을 철거하는 것이 박정희 대통령의 뜻을 따르는 일일 것이다. 그럼에도 불구하고 박정희 대통령 운운하며 동상 철거를 반대하는 이유는 무엇일까? 겨우 40년 밖에 지나지 않은 조형물을 '대한민국의 역사'란 이름으로 포장해서 앞으로 오랫동안 보존하자는 주장도 받아들이기 힘들었다.

논란의 와중에 김세중 씨의 아들로부터 메일을 한 통 받았다. 그는 내가 제기한 5대 의혹에 대해 작가의 입장을 설명하고자 했다. 고인이 된 아버지의 명예를 지키려는 효심에서 비롯된 간절함이 서신에 녹아 있었다. 그런데 그의 서신에서 뜻밖의 구절을 발견했다.

혹시 언젠가 기회가 주어진다면 부친의 충무공 동상 제작 작업과 관련하여 (변형되는 도로에 맞추어 작품의 수정을 위한 작품료를 받기는 커녕) 저희 집안이 파산할 뻔한 이야기도 들려드리고 싶습니다.

— 고 김세중 작가 아들의 서신 중에서

이 대목에서 나는 이순신 동상에 문제가 생긴 이유를 직감적으로 느낄 수 있었다. 당시 박정희 정권은 김세중 씨에게 동상 제작에 필요한 비용을 충분히 주지 않았다는 사실을 아들의 편지는 말하고 있었다.

사건의 전말은 이렇다.

1966년 이순신 동상은 5m 높이로 계획되었다. 하지만 동상이 들어설 세종로 폭이 100m로 확장되면서 "주변과 조화를 이루게 하기 위해 동상 규모를 키우라."는 박정희 대통령의 지시로 동상 높이가 갑자기 1.5m 더 커졌다고 한다. 동상 크기를 키우기 위한 추가 제작비는 조각가 김세중에게 전적으로 책임지워졌다. 정상적으로 재료비를 조달하려면 파산할 수밖에 없는 상황이 되었고, 결국 폐 어선의 엔진, 탄피, 고철 등을 녹여 동상을 만들었다고 한다. 때문에 동상은 애초에 세밀한 고증을 거치기 어려웠던 듯하다. 심지어 재료 자체가 청동이 아니라 고철과 구리를 적당히 혼합한 부실 재료였으며, 청동 고유의 색을 내기 위해 표면을 페인트로 칠하는 수고로움을 마다하지 않은 듯하다. 이런 얼치기 수법으로 만들었기에 40년 만에 붕괴 위험에 처하는 놀라운 일이 벌어졌던 것이다.

공장 앞마당에는 트럭으로 실어 온 포탄 껍질, 놋그릇, 고물상 수집품 등이 산더미처럼 쌓였어요. 아버지께서는 몇날 며칠을 밤새도록 불을 지펴 쇳물을 만드셨는데, 가끔 탄피 터지는 소리가 들리기도 했어요.

— 고 김세중 작가 아들의 서신 중에서

대광공업사에서 주조 기술자로 일했던 김주남 씨와 류용규 씨는 "처음에는 국방부에서 가져온 탄피를 사용하려 했다."며 "그러나 주물(용해된 금속을 틀 속에 넣고 응고시키는 일) 작업이 제대로 되지 않자 탄피는 모두 버리고, 해체된 선박에서 나온 엔진·놋그릇·놋숟가락 같은 일반 고철을 사용했다."고 말했다. 이마저도 모자라 재료가 조달되는 대로 여러 번에 걸쳐 작업을 해야 했다고 한다. 류씨는 "그래서 동상의 재질과 두께가 고르지 못했고, 색상 또한 균일하지 않아 청동 고유의 색을 내지 못했다."며 "옛날 동상 같은 분위기를 내려고 짙은 청록색의 페인트와 동분(동가루)을 섞어 표면을 칠했다."고 말했다. 2010. 3. 30. 〈서울신문〉, 광화문 이순신 장군상 제작 참여 7명이 밝힌 비화.

진실을 바라보는 일은 생각보다 어렵다. 믿고 싶지 않은 일들과 직접 얼굴을 맞대야 하기 때문이다. 이순신 동상을 바라보는 일 또한 그렇다.

지난 격동의 세월 동안 이순신 동상은 언제나 그곳에 있었다. 민주화를 갈구하는 시민들의 목소리와 월드컵 4강 진출의 기쁨……. 강산이 네 번이나 바뀌는 긴 세월 동안 이순신 동상은 한국의 현대사를 가로지르는 역사적 사건들의 상징물처럼 우리의 기억 속에 자리 잡아 왔다. 그러나 만들어진 지 10년 만인 1976년부터 철거가 거론되었고, 급기야 동상 제작의 지시자인 박정희 대통령이 철거를 결정했던 이유가 무엇인지 우리는 되새겨 봐야 한다.

가짜는 세월이 아무리 지나더라도 진짜가 되지 못한다. 거짓은 가고 진실이 바로 서는 날, 짝퉁 이순신 동상이 철거되고 정확한 고증을 토대로 하여 진짜 이순신 동상이 세워질 것을 믿어 의심치 않는다.

반론 이순신 장군이
오른손에 칼을 짚고 선 까닭은?

광화문 이순신 동상을 부수고 새로 만들지 못해서 안달이 난 사람들이 있는가 보다.

칼을 오른손에 들었다, 일본도 같다, 갑옷이 중국풍이다, 얼굴이 조선 사람 같지 않다, 감히 예전의 세종대왕보다 크게 만들고 높이 세웠다 등등. 옳고 그름을 떠나 논란 자체가 저학년 수준이라 그에 대해 왈가왈부하기조차 민망할 따름이다.

그런 논란에도 불구하고 재제작이나 철거를 면해 무사히 수리를 마쳐 제자리를 지키게 되어 다행스럽다. 고증상의 문제

이순신 동상의 5대 의혹에 대한 문제를 언론을 통해 제기한 이후 각계각층의 성원과 반론이 있었다. 특히 이순신 동상에 대한 문제 제기 후에 일어난 일에 관한 글에 이어, 문제 제기에 대한 반론을 실었다. 독자들의 객관적인 판단을 돕기 위해 필자의 동의를 얻어 전재하였음을 밝혀 둔다.

점에도 불구하고 40년을 묵묵히 지켜온 역사성과 함께 시민들의 그동안의 사랑에 더 가치를 두어 그렇게 결정했다고 한다. 올바른 결정이다. 그럼에도 계속 불거지는 논란에 대해 짚고 넘어갔으면 한다.

아직도 큰 것이 제일인가?

언제까지 소국 콤플렉스에 매여 살 것인가? 광화문 앞의 예전의 단정한 세종대왕은 무슨 이유에서인지 쫓겨나고 황금을 바른 거대한 임금님이 배를 내밀고 떡하니 앉아 있다. 아무래도 이전의 세종대왕상이 이순신 장군상보다 크기에서 작았었다는 것 외에 다른 이유를 찾을 수 없을 것 같다.

그러니까 큰 만큼 위대하다? 계급이 높을수록 커야 한다? 아파트 평수로 인생을 비교하는 습성이 세종대왕과 이순신 동상의 크기와 가격을 비교하는 천박한 문화적 콤플렉스로 나타난 대표적인 사례로 여겨진다. 욕심과 과장은 한국 문화를 저급하게 만드는 아킬레스건이 된 지 오래다. 곳곳마다 주변을 아랑곳하지 않는 생뚱맞은 건물과 조각품들이 유치하고 속물적인 근성을 적나라하게 보여 주고 있다.

이순신 장군상이 광화문에 떡하니 버티고 서 있는 것은 자연스럽고 광장의 분위기에 어색하지 않다. 허나 세종대왕상은 예전 것부터 왠지 모르게 어색했다. 고증이나 작품성의 문제가 아니라, 발상 자체가 무리라는 말이다. 임금의 얼굴은 함부로 그리지도, 백성들에게 보이지도 않던 전통을 들먹이지 않더라도 궁궐 밖 길가에 내세운 것부터가 억지스럽다는 말이다.

예전 것이든, 새로 만든 것이든 임금님을 정히 모시려면 길가가 아니라 실내였어야 했다. 물론 반드시 그래야만 하는 건 아니지만 이왕이면 다른 나라처럼 세종대왕상도 어느 기념관 1층 로비에 앉혀야 어울릴 모양새라는 말이다. 이순신 동상은 비가 오나 눈이 오나 추우나 더우나 그 자리를 꿋꿋이 지키는 것이 맞다. 오히려 비나 눈을 맞으면 더 장엄해 보인다. 허나 어전에 앉아 있는 모습 그대로 대로에 나앉아 눈비 맞으며 매연과 소음 속에 책을 펼쳐들고 공부하는 모습이라니! 이왕 밖에다 상을 세우려면 아무리 임금이라 해도 서 있는 모습이 더 자연스럽다는 말이다.

게다가 새로 만든 세종대왕 동상은 이전 것에 비해 돈을 너무 많이 발랐다. 그에 비해 예술성은 예전 것보다 못한 것 같다. 고증을 이유로 비만인데다 금칠까지 하는 바람에 마치 거대한 불상을 보는 듯하다. 골기(骨氣)는 쏙 다 빠지고 육기(肉氣)만 터질 듯 흘러넘친다. 책을 펼쳤다고는 하지만 문기(文氣)가 도무지 느껴지지 않는다. 안정감 있게 보이려고 한 사다

리꼴 좌대의 비스듬한 경사는 오히려 보는 이로 하여금 시각
적 불안을 느끼게 하고 있다.

그리고 세종로라 이름하여 세종대왕 동상을 반드시 만들어
놓아야 한다는 발상도 유치하기 짝이 없다. 그렇다면 지금 짓
고 있는 행정도시는 골목마다 집집마다 세종대왕 동상을 만들
어 놓을 셈인가? 개인적인 생각이지만 이왕 만든 것이니 지금
의 광화문 황금세종상은 세종시가 완공되면 시청 로비로 옮겼
으면 좋겠다. 그도 아니면 어디 대공원이나 교육청 청사 로비
가 적당할 것 같다.

아무튼 돈이 넘치는 것이 문제다. 멀쩡한 보도블록을 하루아
침에 뒤집어엎고 새로 까는 도시 행정. 멀쩡한 산 중턱에 들어
선 모텔. 시골 길가 산에 호화롭게 화강암으로 재단장한 학생
부군들의 떼무덤들. 시골 동네 뒷산 중턱에 생뚱맞게 들어선
서양풍 전원주택. 달동네나 시골 한적한 동네 한가운데 불쑥
들어선 중세 유럽의 성채 같은 예배당. 주변하곤 전혀 안 어울
리게 생뚱맞은 쓰나미를 영상케 하는 서울시 신청사. 재정이
야 바닥나든 말든 지자체들의 초호화 신청사.

소박하고 절제된 우리의 전통문화는 어디로 가고, 난삽하고
조잡한 일회성 인스턴트 겉포장 문화가 기승을 부린다. 황금
색 플라스틱 돼지저금통을 연상케 하는 새 세종대왕 동상 앞
에서는 도무지 숙연해지지가 않는다. 차라리 예전의 작지만 골

기 찬 세종대왕 동상을 궁중박물관 로비에서나마 다시 볼 수 있었으면 좋겠다.

지나친 순결주의를 경계한다

이순신 장군이 칼을 오른쪽에 쥐었으니 패장이라는 주장에는 그저 웃음밖에 안 나온다. 오른손이든 왼손이든 자기 편한 대로 쥐면 되는 것이지, 칼은 반드시 왼손으로 쥐어야 한다는 법은 어디에서 나온 것인지 모르겠다. 아, 물론 그분이 왼손잡이가 아니라면 대적시에는 습관적으로 왼손으로 칼집을 잡고 오른손으로 칼을 뽑았을 것이다. 하지만 왼손으로 칼을 뽑아 칼집은 던지고 두 손으로 칼만 들고 싸울 수도 있는 것이다. 그나저나 진의 후방에 위치해서 지휘해야 할 장군이 직접 싸우기 위해 칼을 뽑는 일은 거의 없다. 그 정도면 이미 진 전투니까.

그런 논의는 차치하고서라도 왜 작가는 칼을 오른손에 쥐게 했을까? 바로 이 점 때문에 나는 오히려 그 작가가 남다르게 대단한 예술적 감각을 지녔다고 생각한다. 그분인들 왼손에 칼집을 쥐는 것이 일상적이라는 것을 몰랐을 리 없었다고 본다. 전 세계 대부분의 무인상들은 왼손에 뽑지 않은 칼이나 활을 쥐고 있기 때문이다. 물론 뽑은 칼이라면 당연히 오른손에 위치시켰을 것이다. 그럼에도 불구하고 뽑지도 않은 칼을 오른손에 쥐게 한 것은 보는 이의 심리적 효과를 고려한 작가의 의도라고 여겨진다.

자, 그렇다면 일부의 주장대로 지금 이순신상의 칼을 왼손에 쥐어 보자. 쉽게 상상이 가지 않으면 이순신상 사진을 컴퓨터에서 좌우반전을 시켜 놓고 바라보라. 아니면 오른손에 지팡이나 우산을 들고 직접 거울 앞에 서 보라. 그리해 보면 작가의 의도를 눈치 챌 수 있을 것이다. 반전된 사진은 뭔가 모르게 바라보는 이에게 거부감을 안긴다. 왜 그럴까? 이는 바라보는 우리가 대부분 오른손잡이이기 때문이다. 설사 왼손잡이라 하더라도 오른손 문화에 익숙하기 때문이다.

칼이건 등채건 지팡이건, 뽑았건 그냥 쥐고 있건, 우리 대부분의 오른손잡이들은 상대도 무엇이든 오른쪽에 들고 있어야 안정감을 느낀다. 서로 겨루더라도 마찬가지이다. 야구에서 우완타자가 좌완투수를 만나면 껄끄럽다. 좌완투수와 좌완타자가 만나면 더욱 껄끄럽다. 오른손 권투선수가 왼손잡이를 만났을 때 거북스러운 것과 똑같은 이치이다. 서로 익숙지 않은 탓이다. 광화문 이순신 동상이 상당히 위압적임에도 불구하고 여타 이순신 동상이나 다른 장군 동상들보다 더 친숙하게 느껴지는 것은 이 때문이다. 아마도 작가는 이 부분에서 상당한 고심을 했을 것으로 짐작된다. 난 바로 이 점에서 이 작가의 위대성을 보았다.

하나의 예술 작품으로 보아야

그 다음, 칼이 일본도 같다는 것도 어느 정도 설득력은 있지만 이 또한 지나친 감이 있다. 그러면 어떤 것이 한국검의 전형인가? 전형이 있기나 한가? 대한민국 박물관에 소장된 그 어떤 무기도 똑같은 건 없다. 만드는 사람마다 다 달랐다는 말이다. 그리고 그 장식도 각자 취향대로 달랐다. 물론 일반 졸병들은 그저 주는 대로 받아 스스로 날을 세우고 손잡이 등 장식을 자기에게 편하게 붙이고 감아 사용하였다. 계급이 올라갈수록 형편이 나아져 보다 호화로운 무기들을 가질 수 있었다. 예나 지금이나 한중일 무기들은 서로 비슷한 점도 많다.

갑옷이 중국풍이라는 주장 역시 일리 있는 말이기는 하다. 그렇다고 완전히 중국 갑옷이라 단정하기도 곤란하다. 이 역시 칼처럼 너무 그렇게 따질 일은 아닌 듯싶다. 아마도 작가는 당시 여러 가지 자료들을 보고 작품을 구상했을 것이다. 비록 40년 전이라 해도 박물관에 있는 갑옷 자료들도 참고했을 것이다. 그럼에도 굳이 전통을 고집하지 않은 것은 그분의 예술적 심미안에서 그런 모양을 만들어 냈다고 본다.

거북선 모형도 논란의 대상이다. 그렇지만 다른 무기들과 마찬가지로 거북선의 표준 원형을 찾는다고 하는 것 자체부터가 무리이다. 임진왜란 난리통에 지금처럼 설계도 보면서 공장에서 찍어 내듯 거북선 만들었겠나? 큰 배는 큰 대로 작은 배는 작은 대로, 좁은 배는 좁은 대로 넓적한 배는 넓적한 대로 거북선을 만들었을 것이니, 당시 모든 거북선이 똑같은 모양이었을 것으로 생각한다면 너무 시야가 좁다고 하겠다.

전고(戰鼓)를 눕혀 놓은 것도 잘못이라 할 수 없다. 고궁 유적에 가면 눕혀 놓은 석고(石鼓)들이 많다. 작품의 안정성을 고려한 때문이고 무엇보다 북을 반드시 세워 놓고 쳐야 한다는 법이 없다. 더구나 흔들리는 배 위에서라면 분명 눕혀 놓고 쳤을 수도 있다. 또 당시 해전을 그린 부조의 전선(戰船) 모양이 조선 배 같지 않다는 것도 일리 있다. 하지만 그 역시 반구상화로 작가의 상상력이 가미된 것으로 본다.

이순신 동상 얼굴이 조각가를 닮았다고? 당연한 일이다. 거의 모든 화가나 조각가들은 남의 얼굴을 그리거나 빚는다고 하지만, 결국 자신이나 자신이 사랑하는 사람을 닮게 되어 있다. 그래서 모나리자뿐 아니라 다빈치가 그린 모든 인물상은 어딘지 모르게 다빈치 자신을 닮는 것이다. 거울이 생긴 이후 사람들은 남을 그리면서도 절로 자신을 투사하는 버릇이 생긴 것이다. 따라서 그런 트집은 무리이며 예술가에 대한 모독에 지나지 않는다.

 광화문 이순신 동상은 작가의 예술적 상상력에 의해 만들어진 것이다. 이를 두고 진품명품 감정하듯 자꾸 고증의 잣대를 들이대는 것은 몰상식한 짓이다. 따지고 들자면 갑옷을 벗겨 속옷까지 들여다봐도 성에 다 차지 않는다. 그때는 그런 점을 그다지 중요하게 생각지 않았던 것뿐이다. 그렇다고 이제 와서 그걸 없던 것으로 하자는 건 역사에 대한 지나친 오만이자 편협한 맹신이다. 고증에 다소 무리한 점이 있더라도 예술성과 작품의 품격을 음미하면서 그 가치를 논해야 할 것이다.

 동양의 회화나 글씨를 논할 때는 기신론(氣神論)과 풍골론(風骨論)을 빼놓곤 논할 수가 없다. 비록 서양식 조각이라 하나, 광화문의 이순신 동상은 기(氣), 신(神), 풍(風), 골(骨)의 기운이 어느 것 하나 빠짐없이 골고루 잘 드러내었다. 특히 풍골(風骨)은 국내 어느 작품도 흉내 내지 못할 만큼 뛰어나다. 장엄하고, 꿋꿋하고, 흔들림 없는 무장의 의지와 기품을 더없이 훌륭하게 표현하고 있다. 새로 만든 세종대왕상과 비교해 보면 느낄 수 있을 것이다.

 우리나라 여러 곳에 이순신 동상을 비롯해 수많은 동상들이 세워져 있다. 옛 위인은 물론 현대의 훌륭한 군인들의 동상도 즐비하다. 필자가 예술 비평가는 아니지만, 사실 그 많은 동상들 중 광화문 이순신 동상이 가장 으뜸이라 생각한다. 아직 그보다 잘 만들어진 동상을 필자는 본 적이 없다. 그 앞에 서면 절로 숙연해지고 비장해지고, 장군이 언제든 명령만 내리면 누구라도 목숨 내걸 수 있을 만큼 믿음직스럽다.

사라진 이순신과 거북선, 내다버린 무혼(武魂)

이번 이순신 동상을 새로 만들자고 고집하는 분들께 묻고 싶다. 절간 대웅전에 모신 부처님은 도대체 누구를 닮았는지? 요즘 사극은 왜 그리 황당한지? 더하여 말해 주고 싶은 것이 있다. 그토록 숭상해 마지않는 우리의 영웅 이순신이 우리나라 화폐에서 슬그머니 사라져 버린 일에 대해서는 왜 아무 관심이 없는지?

고 정주영 회장은 거북선이 그려진 지폐를 보여 주고 배를 만들 차관을 간신히 얻어와 조선 입국의 꿈을 이루었다고 한다. 헌데 그 지폐는 언제 어디로 사라졌는가? 지금의 백 원짜리 동전에 나와 있는 인물이 누군지 누가 알겠는가? 이순신? 세종대왕? 아니면 어느 정승? 대한민국에 무혼(武魂)이 사라진 이유를 이제 알겠는가?

아직도 달러가 모자라서, 아니면 학벌이 모자라서 선진국민이 못 된다고 생각하는가? 어째서 대한민국 지폐에는 하나같이 선비들만 그려지는지, 그들이 나라를 세우고 지키고 부강하게 만들었나? 무인들은 왜 사라져야 하는지, 조선이 왜 망할 수밖에 없었는지, 나라가 위기일수록 단합은커녕 왜 쪼개지기만 하는지, 이 땅의 젊은이들은 왜 시험공부만 해야 하는지, 국회의원들은 왜 국민들 열받을 헛소리만 골라 해대는지 알겠는가? 무(武)없는 문(文)은 그렇게 타락하는 것이다.

- 데일리안 칼럼(2011. 1. 5.)

사라진 이순신의
자취를 찾아서

잃어버린 물건을 찾는 것은 주인 의식을 회복하는 일입니다. 다소 불교적인 이야기가
될지 모르겠습니다만, 자기가 무엇을 잃어버렸는지 잃어버린 진정함을 찾아가는 것이
구도자나 보살의 삶이라고 생각합니다. 그것은 자기 정체성 회복의 길이자 스스로를
찾아가는 탐구의 길이라고 봅니다. 제가 '제자리찾기'란 명제를 지니고 무언가를 찾으
려고 하는 것도 그런 이유입니다. 저는 그 끝이 언제나 '진실의 재발견'으로 이어져 있
으리라 믿고 있습니다

난중일기가 사라졌다

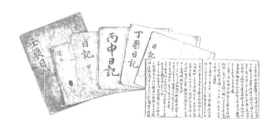

국보 76호 『난중일기』와 나는 처음부터 문제적 인연으로 맺어졌다. 중학교 시절 방학 숙제로 난중일기 독후감을 써 내는 일이 있었는데, 난중일기를 읽어 보곤 금새 실망에 빠졌다. 한문투의 번역이 무슨 소린지 이해하기 어려웠고, 모든 일기가 그렇듯이 토막토막 끊어져 일관된 내용을 파악하기 힘들었다. 이순신의 인간적 면모나 생생한 전장의 기록에 대한 감동을 전혀 받지 못한 채 바로 책장을 닫아 버린 것으로 난중일기와의 첫 번째 인연은 끝나 버리고 말았다.

대학생 시절 현충사에서 난중일기를 직접 열람했을 때, 책 제목이 난중일기가 아니라 '일기'였다는 사실에 의아했다. 이순신은 다만 자신의 일기를 묶어서 임진일기, 병신일기, 정유일기 등의 표제를 붙여 놓았을 뿐이었다.

난중일기 이순신 장군의 친필 초고본. 초서로 쓰여져 해독이 어렵고, 일부 글자가 마멸되기도 했다. 이 친필 초고본을 바탕으로 1792년(정조 16) 『이충무공전서』를 편찬하면서 전란 중의 일기를 묶어 '난중일기'라 하였다.(출처 : 현충사관리소)

이순신 일기들이 '난중일기'라 명명된 것은 임진왜란 발발 200년이 되는 1792년_{정조 16년}의 일이라고 한다. 정조는 이순신을 영의정으로 추증하면서 아울러 이순신의 일기와 서간들을 모아 『이충무공전서』를 편찬했다. 이 때 편찬자들이 그의 '전란 중의 일기'를 묶어 편의상 '난중일기'란 이름을 붙였던 것이다._{개인적으로 난중일기보다 '충무공 이순신 일기'가 훨씬 정확한 명명이 아닐까 생각한다.}

난중일기는 아산 현충사에 보관된 이순신의 친필 초고본과 정조 때 간행된 『이충무공전서(李忠武公全書)』의 두 가지 판본이 존재하고 있는 셈이었다. 그런데 이순신의 친필 초고본과 『이충무공전서』에 수록되어 있는 내용에 많은 차이가 있다고 한다. 그 까닭은 전서의 편찬자들이 친필 초고를 가져다가 정자로 베껴 판각하면서 생략했기 때문이다. 아마도 임금에게 보이기 위해 간행된 서적이기 때문에 왕에게 누가 될 수 있는 부분, 지극히 개인적인 상황, 정치적으로 민감한 입장 등은 걸러 냈을 것으로 보인다. 이순신은 동인에 속했는데, 『이충무공전서』가 간행된 시점의 집권 세력이 서인이라는 점에서 편찬자들의 의도가 반영되었을 가능성도 농후했을 것이다.

2005년 난중일기
비로소 완역되다?

2005년 우연히 경향신문에서 '난중일기'가 완역되었다는 다소 생뚱맞은 기사를 보게 되었다. 2005년에 와서야 난중일기의 '완전한 번역'이 이루어졌다는 사실에 좀 이상한 느낌을 받았다. 중학교 시절 독후감 숙제를 했던 '난중일기'는 뭐지, 의아한 생각에 유심히 기사를 읽어 보았다. 이순신의 난중일기는 흘려 쓴 초서로 돼 있어 해독이 어렵고 일부 글자가 마멸되기도 했다고 한다. 그래서 초서 연구가 노승석씨가 『난중일기』필사본 9책^{국보 제76호}의 초서 13만 자를 완전히 해독하여 새롭게 번역했다는 것이었다.^{2005. 9. 26. 〈경향신문〉, 충무공 '난중일기' 첫 한글 완역.}

사실 관계를 조사해 보니 문제가 된 이순신 친필본 난중일기에 대한 학문적 연구는 1935년 조선총독부에 의해서 최초로 이루어졌다. 조선총독부는 이순신 친필 난중일기의 초서를 탈초^{정자로 바꾸어 활자화하는 과정}해서 『조선사료총간』에 수록했다. 따라서 광복 후에도 초서에 능숙하지 않은 학자들은 1935년 조선총독부가 펴낸 『조선사료총간』에 수록된 '난중일기초'를 이용해 왔다고 한다. 더구나 난중일기 원본은 국보로 지정되었으므로 직접 열람이 어렵기 때문에 '난중일기초'는 1945년 광복 이후에도 이순신 연구의 기본 자료로 사용되었다.

노승석 씨는 완전 번역 과정에서 정조 19년¹⁷⁹⁵간행된 『충무공전서』와 1935년 조선사편수회가 펴낸 『난중일기초』에 상당한 오류가 있음을 확인했다고 밝혔다. 특히 조선사편수회의 『난중일기초』는 1960년 노산 이은상이 한글 번역의 저본으로 삼았고 그 뒤로 많은 번역자들이 이 책을 따랐다고 한다. 그러나 이은상 번역본을 포함해 그간 나온 번역서는 이순신이 손수 쓴 초서본에 대한 고찰 없이 『난중일기초』에 의존해 그 한계와 오류가 반복될 수밖에 없었다. 그렇다면 "충무공은 한국 민족의 구원한 이상이요, 노선이요, 공의 『난중일기』는 민

족의 '성전'이라고도 할 만한 귀중한 기록이 아닐 수 없다."고
이은상 선생이 극찬했던 난중일기조차 결국 조선총독부가 펴
낸 판본을 기초로 연구해 왔던 셈이었다. 우리는 광복 이후 끝
없이 이순신 찬양의 노래를 불렀지만 이순신 연구에 필요한 자
료조차 꼼꼼히 챙기지 못했던 것이다.<sub>2008. 5. 7. 〈국방일보〉, 한국의 병
서 15 - 충무공 유사.</sub>

난중일기 중
한 권이 없어졌다?

현재 아산 현충사에 보관된 이순신의 친필 난중일기는 임진
년₁₅₉₂부터 무술년₁₅₉₈까지 7년간의 기록이 총 7책 205장으
로 구성되어 있다. 각각의 서지 사항을 기재하면 다음과 같다.

   ① 임진일기(壬辰日記) : 27매, 1592년
   ② 계사일기(癸巳日記) : 30매, 1593년
   ③ 갑오일기(甲吾日記) : 52매, 1594년
   ④ 병신일기(丙申日記) : 41매, 1596년
   ⑤ 정유일기(丁酉日記) : 27매, 1597년
   ⑥ 정유일기(丁酉日記) : 20매, 1597년

난중일기 도난당하다 국보 난중
일기가 도난당했다는 기사(1968.
1. 4. 경향신문).

⑦ 무술일기(戊戌日記) : 8매, 1598년

　제5책과 제6책은 모두 정유년(丁酉年) 일기이고, 8월 4일
부터 10월 8일까지가 중복되어 있다. 그 까닭은 분명히 알 수
없으나, 제5책에 간지(干支)가 잘못 적혀 있는 곳이 많고, 또
내용상으로도 제6책의 것이 비교적 자세하게 적혀 있는 점으
로 미루어, 이순신이 시간 여유를 틈타 앞의 간지의 잘못을 바

로잡는 한편, 기억을 더듬어 보완하였던 것이 아닌가 추측된
다.〈두산백과〉.

　그런데 현충사의 친필 초고본에는 『충무공전서』에 수록된
을미일기 1책이 존재하지 않았다. 정조 때에는 분명히 존재
했던 을미일기가 도대체 무슨 연유로, 어디로 사라져 버린
것일까?

1967년 난중일기
도난당하다

사라져 버린 을미일기의 행방을 추적하는 과정에서 나는 1967
년 난중일기가 도난당한 적이 있다는 충격적인 사실을 발견
했다.

　1967년 12월 31일, 유근필 등 절도범 일당 6명은 현충사에
잠입 난중일기, 임진장초 등을 절취해 달아났다. 이들은 난중
일기를 당시 돈으로 1000만 원 정도에 판매할 수 있을 것으로
보고 일본으로 밀반출하려 했다고 한다. 당시 박정희 대통령
은 이례적으로 담화문을 발표하며 난중일기를 훔친 일당을 검
거하라는 지시를 내렸다. 김원배 수사연구관이 당시의 분위기
를 다음과 같이 회상했다.

手配中이던亂中日記絶取共犯

鄭善讚 음독 自殺

〈수배에 쫓겨 살다 鄭善讚〉

난중일기 절취 공범 자살하다 난중일기 절취 공범이 자살했다는 보도(1968. 1. 13. 동아일보).

당시 온 나라가 발칵 뒤집혔다. 즉시 현충사 내에 수사본부가 차려졌고 치안국에서는 전국 경찰에 공조수사 명령이 떨어졌다. 도난당한 품목들은 장물품표로 작성돼 수천 매가 배포됐고 밀수출에 대비해 공항 및 항만 등에 비상 경계령이 내려졌다. 2008. 11. 9. 〈일요신문〉, 아산 현충사 도난 '난중일기'의 굴욕, 일본에 팔릴 뻔.

대통령이 직접 담화를 발표한 뒤 난중일기를 찾아야 한다는 국민적 공감대가 확산되었고, 청와대 민정비서실과 경찰 등에 제보가 쏟아졌다. 익명의 제보에 의해 덜미가 잡힌 절도범들은 난중일기가 도난된 지 10여 일 만에 모두 검거되었고 도주했던 공범 정선찬은 수사망이 좁혀오자 부산의 한 산기슭에서 스스로 목숨을 끊었다. 훔쳐 간 난중일기는 비닐에 쌓인 채 공범의 집 고추장 항아리에서 발견되었다.

혹시 1968년 도난 사건 당시 을미일기 한 책이 사라진 것 아닌가 하는 의문이 들었다. 회수 과정에서 한 권이 유실될 가능성이 커 보였다. 의문을 해소할 길이 없던 차에 2010년 현충사의 일본식 조경 개선 문제로 현충사 소장과 면담 기회가 마련되었다. 이때 주간조선 김대현 기자와 함께 현충사를 방문, 1968년 도난 사건과 을미일기의 행방에 대해 자세한 문답을 나눌 기회를 갖게 되었다. 송대성 현충사 기획운영과장은 1935년 편찬한 『난중일기초』에 을미일기가 수록되지 않았다는 점을 근거로 1968년 도난 사건 당시 유실되었을 가능성은 없다고 단정해서 말했다. 시대 상황을 고려할 때, 이순신 종가에서 의도적으로 을미일기를 제출하지 않았다고 보기 어렵다는 이유였다. 현충사 측은 을미일기가 사라진 배경으로 1931년 충무공 종가가 부채 때문에 종가 토지와 유물들이 압류 또는 경매될 위기에 처했던 시기를 지적했다.

경매 사실이 동아일보에 보도되자, 충무공유적보존회가 구

이천 원 빚에 경매당하는 이순신 묘소 위토 대정 8년(1919년) 이래로 살림이 어려워진 이종옥 씨 (이순신 장군의 13대 종손)가 묘소와 사당의 유지비 및 춘추제향비 등을 충당하던 위토를 담보로 빌린 돈을 갚지 못해 경매에 부쳐지게 되었다는 당시 신문 기사.

성되고 국민적 성금 모금 운동이 일어났다. 당시 국민 성금액은 1만 6천 원 상당으로, 채무액인 2300원을 훨씬 넘었다. 이로써 충무공 묘소 위토와 유물들은 경매에 넘어갈 위기를 넘겼을 뿐 아니라 현충사를 재건하고 충무공을 기리는 사업도 시작할 수 있었다.

현충사 측은 바로 이 시기에 을미일기가 사라진 것은 아닐까하는 추측을 하고 있었다. 당시 종손이었던 고 이종옥 씨

_{무공 13대손}는 일제 치하에서 경제적 어려움과 함께 정치적 탄압을 피해 만주로 이사했던 적이 있다고 했다. 이 과정에서 조상이 남긴 보물급 유적들을 충남 아산시 염치읍의 유력가 집안 중 하나에 넘겼을 가능성이 있었다. 실제로 현충사는 이종옥 씨가 경제적 도움을 받으며 가깝게 지냈던 아산 염치의 풍천 임씨 집안에 역사적 가치가 높은 자료들을 다수 넘겨준 것을 최근 확인했다고 했다. 김상구 현충사 관리소장은 "풍천 임씨 집안의 자손인 임○○ 씨가 현재 염치읍에 살고 있는데 그는 1979년 이 충무공의 국보급 문화재인 사부유서 등을 우리에게 기증한 적이 있다. 아직도 그 집안에 한 궤짝 분량의 이씨 집안 고서 및 교지들이 보관돼 있어 최근 이를 확인한 바 있다."고 말했다.

임○○ 씨의 주장에 따르면 임씨 조부가 생전에 보관하고 있던 이순신 가문의 유물이 무려 여섯 궤짝 분량이나 됐다고 한다. 이 가운데 한 궤짝을 임씨의 할아버지가 임종 직전 임씨에게 유산으로 물려줬다고 한다. 임씨가 유산으로 받은 궤짝에서는 보물급 자료들이 다수 발견되기도 했다.

송대성 과장은 "최근 임씨 집에 가서 직접 사료들을 검토한 결과 홍패_{과거 급제 교지}, 녹패_{급여 교지}, 사부유서, 칙령 등 125점의 유물들이 보관돼 있었다. 그러나 아쉽게도 난중일기는 없었다."고 말했다._{2010. 12. 13. 〈주간조선〉, 사라진 난중일기를 찾아라.}

그러나 송 과장은 새로운 실마리를 제공해 주었다. 임○○씨가 과거에 '일기'라고 쓰여 있는 고책자를 할아버지 댁에서 봤다는 증언을 했다는 것이었다. 그의 생각으로는 16~17세기 일기를 쓴 사람은 드물기 때문에 임씨 종가에서 일기라고 적힌 책자가 있다면 이순신의 을미일기일 가능성이 높다고 했다. 나아가 "지금 을미일기가 사라진 사실이 일반인에게 알려져 논란이 되면 영영 이순신의 일기를 찾지 못할 수도 있다."고 우려했다. 그는 "우리도 일기가 유실된 시점은 정확히 모른다. 현실적으로 보면 일제 치하에서 종가를 떠난 것으로 보는 시각이 가장 유력하다. 조만간 임씨 가문의 양해를 구해 조사하지 못한 문서들을 살펴볼 생각이다. 국보인 난중일기를 찾고 있다는 게 알려지면 이를 보관하고 있는 사람이 자료를 인멸하거나 숨길 수 있기 때문에 조심스럽다."고 말했다.

대담을 마치고 서울로 올라오면서 나는 새로운 희망에 차 있었다. 사라진 을미일기가 세상에 빛을 볼 날이 올 것만 같은 기분이었다. 누가 알아주지 않더라도 충무공의 자취를 찾아 지키려는 송대성 과장과 같은 분이 현충사에 있다는 사실이 매우 다행스럽게 생각되었다. 현충사가 사라진 난중일기 1책을 찾는 일에 애정을 지니고 자료를 발굴해 가고 있다면 나는 몇년 동안이라도 묵묵히 응원하며 지켜볼 요량이었다.

사라진 이순신의 자취를 찾아서

2011년 4월, 이순신기념관이 새롭게 단장되었다는 소식을 듣고 현충사에 들러 보았다. 송대성 과장을 만나 사라진 을미일기에 대한 무슨 새로운 단서라도 나왔나 궁금증을 해소해 보고 싶은 마음이 간절했다. 사무실에 찾아가 그의 안부를 물으니, 다른 곳으로 가셨다고 했다. 뭔가 멍한 느낌이 머리를 가득 메웠다.

과연 을미일기는 세상에 모습을 드러낼 수 있을지…….

세상은 언제나 난세다. 이순신이 살았던 시대도, 지금의 세상도…….

이순신 장군의 쌍룡검은 어디에?

이순신은 우리에게 무엇이었을까?

이 강산 침노하는 왜적의 무리를 거북선 앞세우고 무찌르시어…….

학교 운동장의 한 구석에서 계집아이들이 꾀꼬리 같은 목소리를 돋우어 고무줄 놀이를 하고 있었고, 장난꾸러기 사내녀석들은 고무줄 놀이를 하는 여자아이들을 골탕 먹인다며 고무줄을 끊고 도망다녔다. 그다지 색다를 것 없는, 그냥 일상의 하루로 남은 유년의 기억 한구석에서조차 이순신이 남아 있다.

나는 어릴 적 한때를 충남 온양에서 보냈다. 병약했던 어머

사라진 쌍룡검 이순신 장군이 실전에서 사용한 칼, 쌍룡검(조선미술대관, 1910).

니는 친정식구들이 살고 있는 온양에서 요양을 하곤 했는데, 어린 나도 어머니를 따라 온양에 머무르고 있었다. 무료할 때면 나는 어머니 손을 잡고 현충사에 나들이 가서 연못에서 뛰노는 비단잉어를 보면서 한없이 즐거워 하곤 했다. '한산섬 달 밝은 밤에/ 수루에 홀로 앉아'로 시작되는 이순신 장군의 시조도 현충사 경내에서 엄마가 들려 주는 목소리를 따라 하며 외웠다.

현충사 유물 전시관에 진열된 '이순신 장군의 칼197cm'을 보고, 너무 큰 칼에 압도된 나는 어머니께 여쭈어 보았다.

"엄마 이렇게 큰 칼을 썼어? 이순신 장군은 키가 되게 컸나

봐?"

"옛날 사람들은 키가 컸단다. 그리고 이순신 장군은 힘도 아주 세었단다."

"아 그렇구나! 이순신 장군은 천하장사였구나."

이순신 장군의 칼은 한산섬에서 '우국의 시름'에 잠긴 이순신의 이미지와 겹친다. 그런데 최근 나는 이순신 장군이 실제로 사용한 칼은 현충사의 칼이 아니란 사실을 알게 되었다. 현충사의 칼은 의전용에 불과하고, 장군이 실제로 사용한 것은 '쌍룡검'이라 불리웠던 것이라 한다. 더욱 놀라운 것은 이 칼을 우리가 6·25 전쟁 당시 잃어버리고 말았다는 것이다. 어떻게 그런 일이······.

사진으로만 남아
언제 잃어버린지도 모르는
쌍룡검

현재 이순신 장군의 칼은 충남 아산 현충사에 2점 보물 326호, 통영 충렬사에 4점 보물 440호·귀도 2자루, 참도 2자루 등 총 6자루가 남아 있다. 그러나 이 칼들은 모두 의전용, 지휘용으로 실전에서 사용되었던 것은 아니다.

이순신 장군이 실전에서 사용했던 칼, '쌍룡검'은 1910년까지 조선 왕실의 궁내부 박물관에 보관되어 있었으며, 1910년 간행된 『조선미술대전』에 이순신 장군의 칼이란 이름으로 사진까지 수록되어 있다.

이 칼에는 또한 "쌍룡검을 만드니 천추에 기상이 웅장하도다. 산과 바다에 맹세한 뜻이 있으니 충성스런 의분은 고금에 같도다(鑄得雙龍劍 千秋氣尙雄 盟山誓海意 忠憤古今同)."라는 명문이 새겨져 있다.

> 병부상서 심두실 공이 나에게 검 한 자루를 주면서 말하기를, "이 검은 이충무공이 패용하던 것이오. 내가 간직한 지 오래되었으나 나는 서생이라 쓸 데가 없으니, 상장군이 된 자에게나 어울리겠소."라 하였다. 나는 그 검을 받고 매우 기뻐하며 절하고, 그것을 뽑아 보니 길이가 1장 남짓이었고, 아득하기가 끝이 없었다. 참으로 좋은 검이었는데, 칼등에 시가 있었다.
>
> 쌍룡검을 만드니 천추에 기상이 웅장하도다.
> 산과 바다에 맹세한 뜻이 있으니
> 충성스런 의분은 고금에 같도다.

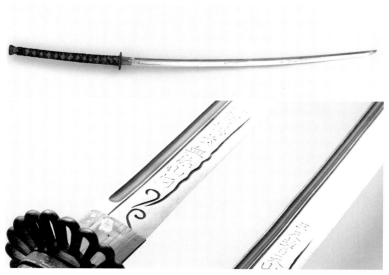

이 충무공 장검 이순신 장군의 칼(아산 현충사 소장). 이 칼은 임진왜란 때 이순신 장군이 직접 사용했다고 알려져 있으나 실제로는 의전용이었던 것으로 보인다.

鑄得雙龍劍 千秋氣尙雄 盟山誓海意 忠憤古今同

나는 놀라서, "또 한 자루가 있을 터인데, 어떻게 이것을 구하여 합칠 수 있을까?" 생각했다. 십 수일이 지나서, 홀연히 검을 지니고 들어와서 고하는 자가 말하길, "신기하게도 이것을 샀습니다. 장군이 지니고 계시면서 아끼시는 검과 어찌 그리 꼭 같단 말입니까?"라 하였다. 내가 심공이 준 검과 비교해 보니 벽에 걸어 놓은 것과 꼭 같았다. 잠자코 한동안 있다가 비

사라진 이순신의 자취를 찾아서

로소 검의 출처를 물었더니, 아산현에서 차고 온 자가 있었다고 한다. 내가 말하길, "믿을 만하다. 지난번 심공의 말이 지금도 어긋나지 않으니, 또 검 한 자루를 얻었구나."라 했다. …중략… 신미년1811, 순조 11년 10월 하순에 그 시말을 이상과 같이 기록하노라.

– 박종경, 『돈암집』 6권 「원융검기」 중에서

그 뒤 이 칼은 조선 군부에서 중요한 물건으로 보관해 왔다고 전해진다. 1907년경 일본이 우리나라의 국권을 탈취한 뒤, 조선 군부로부터 이 칼을 빼앗았고 궁내부 박물관에 소장했던 듯하다. 다행히 1910년 발행된 『조선미술대관』에 사진으로 수록되어 지금까지 실물의 형상이 전하게 되었다.

그러나 언제인지 이 칼은 사라지고 말았다. 일본이 가져가거나 폐기했을 가능성이 점쳐지기도 하고, 광복 이후 6·25에 이르는 사회적 혼란기에 분실되었다고 추정하기도 한다.

쌍룡검을 찾는 일은
진리를 찾는 구도의 길

세상에 어떤 나라이든 잃어버리면 안 되는 물건이 있다고 한

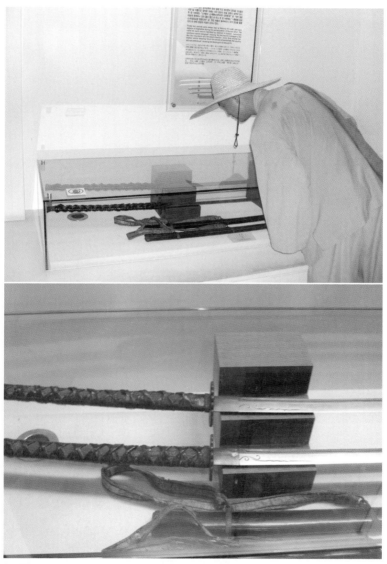

이순신 장군의 칼 현충사에서 이순신 장군의 칼을 바라보는 혜문 스님(위)과 이순신 장군 칼의 세부 모습(아래).

다. 이른바 신물(信物)이라고 하는 것이다. 신물은 자신들의 정체성과 관련된 것이고, 자신의 신분을 증명해 주는 물건이기 때문이다. 옥새가 없는 왕, 반지가 없는 신부, 붓이 없는 선비처럼 신물을 잃어버린 사람들은 기가 죽는다. 그것은 정상적이지 않은 상태임을 반증한다.

나를 놀라게 한 것은 1984년 이종학이란 서지학자가 발견하기까지 아무도 그 사실을 몰랐다는 점이다. 풍전등화의 위기에서 나라를 구한 그 칼은 그렇게 우리 곁에서 멀어지고 말았다.

이순신 쌍룡검은 단순한 무인(武人)의 칼이 아니다. 이것은 일본의 무력 앞에 노예로 전락해 가는 민족을 구한 칼이요, 수많은 인명을 살려 낸 '활인검(活人劍)'이요, 한 시대와 민족에게 나아갈 길을 밝혔던 '대장군의 칼'이다.

그동안 우리는 무슨 생각을 하고 살아왔던 것인가? 이순신의 칼을 잃어버리고도 찾지 않았던 시대의 자화상이 너무나 초라하게 느껴진다. 정말 모두들 바보였던 것일까?

어머니와 함께 현충사를 거닐던 어린 시절로부터 30년의 세월이 지난 후 나는 다시 현충사에 가 보았다. 현충사의 모습은 어릴 때 보았던 그것과 달라진 것이 거의 없었다. 이순신 장군의 '큰칼'도, '비단 잉어'도 그대로였다. 다만 몸이 아팠던 젊은 엄마는 세상에 계시지 않고, 내가 벌써 그때의 어머니 나이가 되어 있었다.

　이순신 장군의 영정에 분향하면서 '잃어버린 쌍룡검을 찾는 일'에 대해 생각했다. 그리고 언젠가 반드시 쌍룡검을 찾아내겠다고 다짐했다. 그건 내 어린 시절 가장 존경했던 인물에 대한 보답, 아름다운 어머니의 모습과 만나는 아주 행복한 일이었다. 그 '가슴 벅찬 설레임'으로 나는 '이순신의 쌍룡검'을 찾아 가고 있다.

　그 길은 유년의 추억, 어머니에 대한 사랑 그리고 '진리를 찾는 구도의 길'과 맞닿아 있을 것이라 믿는다.

인터뷰 나는 왜 쌍룡검을 찾고 있는가?

쌍룡검은 민족의 정체성을 담고 있는 물건으로, 잃어버린 사실조차도 모르고 있는, 우리 시대의 문제점이 고스란히 반영된 물건입니다. 우리는 이 칼로 일본 침략을 막아 냈다고 해도 과언이 아닙니다. 사람을 죽이는 칼이 아니라 사람을 살리는 칼이 있다면, 그것은 바로 이순신 장군의 칼 '쌍룡검'일 것입니다.

이제 쌍룡검이 모습을 감춘 지 100년이 지나고 있습니다. 모두가 힘을 합친다면 언젠가 이순신 장군의 칼을 찾아낼 수

이 글은 잃어버린 쌍룡검을 찾기 위해 동분서주하던 중 한 언론사와의 진행한 인터뷰 내용을 재구성한 것입니다. 쌍룡검에 대해 정확하게 알고 궁극적으로 쌍룡검을 되찾아 우리의 잃어버린 자존심과 역사 인식을 되찾는 데 도움을 주고자 다시 실었습니다.

있을 겁니다.

이순신의 칼은
전해지지 않습니까?

이순신의 칼은 충무공장검^{현충사 소장, 보물 326호}, 귀도와 참도^{통영} ^{충렬사 소장(보물 440호)}가 전해집니다. 아산 현충사에 있는 충무공 장검은 이순신이 사용하던 칼이지만, 칼의 길이가 197cm나 되어 실제 전장에서 사용했다고 보기 어렵습니다. 또 명나라 황제가 이순신에게 선물한 귀도와 참도는 이순신 사후에 도착 했으므로 실제 사용한 칼이 아닙니다. 따라서 실제 사용한 칼 은 '쌍룡검'밖에 없다고 할 수 있습니다.

쌍룡검이 이순신 장군의 칼이라는
사실을 어떻게 알 수 있습니까?

조선 후기에 훈련도감 대장을 지낸 박종경^{朴宗慶, 1765~1817}은 그의 저서인 『돈암집(敦巖集)』 원융검기(元戎劍記)에서 이순 신 장군이 사용한 쌍룡검(雙龍劍)을 병조판서 심상규(沈象奎) 로부터 전해 받았다는 취지의 기록을 남기고 있습니다. 쌍룡검에는 '쌍룡검을 만드니 천추에 기상이 웅장하도다. 산과 바다에 맹세한 뜻이 있으니 충성스런 의분은 고금에 같도다.'는 명문이 새겨져 있다고 합니다.

1910년 일본에서 발행된『조선미술대관』이라는 책에도 쌍룡검의 사진이 실려 있어 이 무렵까지 칼이 전해져 왔음을 알 수 있습니다.『조선미술대관』에는 당시 쌍룡검이 조선 왕실의 궁내부 박물관에 소장돼 있다고 설명되어 있습니다. 그러나 궁내부 박물관을 계승한 국립중앙박물관에는 현재 쌍룡검이 남아 있지 않습니다.

그동안 쌍룡검을 찾으려는 노력은 없었습니까?

쌍룡검을 분실했다는 사실 자체를 최근까지 잘 알지 못했던 것 같습니다. 1984년이 되어서야 서지학자 고 이종학李鍾學, 전 독도박물관장 선생이 쌍룡검이 분실되었다는 사실을 세상에 밝히고 문제를 제기했습니다. 이후 20여 년 동안 쌍룡검의 소재를 추적했으나 결국 찾지 못하고 세상을 떠나고 말았습니다. 그 이후에는 주목할 만한 활동을 했던 사람이 보이지 않습니다. 그러니 본격적인 노력이 있었다고 말하기 어려울 것 같습니다.

지금 이순신 쌍룡검에 대해
문제를 제기하는 이유가 있습니까?

2010년은 일제로부터 나라를 빼앗긴 지 100년이 되는 해입니다. 또 쌍룡검이 촬영된 지 100년이 되는 해이기도 합니다. 지금이라도 쌍룡검에 대해 본격적인 문제 제기를 한다면 찾아낼 수 있으리라 생각합니다.

좀 더 구체적인 사실 관계를 말하자면 미국 국가기록보존소에 보관된 '아델리아 홀 레코드'를 찾아낸 것이 직접적 이유가 될 듯 싶습니다. 아델리아 홀 레코드는 한국 전쟁 당시 미군이 한국에서 약탈한 문화재를 반환한 것에 대한 기록입니다. 이 문서에 근거해서 미군의 약탈 문화재에 대한 조사를 심도 있게 진행하고 있습니다.

아델리아 홀 레코드는
공개된 문서가 아닌가요?

그렇습니다. 우리 정부는 아직까지 아델리아 홀 레코드의 존재를 모르고 있습니다. 부끄럽게도 제가 처음 입수했다고 할 수 있습니다. 지난 2009년 저는 미국 뉴욕과 보스턴에 체류하고 있었습니다. 보스턴 미술관이 소장한 '라마탑형 사리구'의 반환 문제를 진행하기 위해서였습니다. 그곳에서 여러 가지 자료들을 검색·열람하면서 메릴랜드 국가기록보존소에 '아델리아 홀 레코드'가 보관되어 있다는 사실을 알게 되었습니다. 아델리아 홀은 미국 국무부의 관리로, 한국 전쟁 당시 미군 병사가 약탈한 문화재를 한국에 돌려주는 데 앞장섰던 사람입니다. 그런데 정부는 지금 그 문화재들이 어떤 것들인지, 어디에 있는지, 진짜 반환받았는지조차 모르고 있습니다.

아델리아 홀의 기록을 통해
새롭게 알아낸 사실이 있나요?

예. 최근 국립중앙박물관이 소장 사실을 시인한 '명성황후의 표범 양탄자'가 바로 아델리아 홀 레코드에 기재된 반환 문화재입니다. 제가 아델리아 홀의 기록을 보고, 미국 언론 기사를 비교 검토한 뒤 문화재청, 감사원 등에 문제를 제기하자 국립중앙박물관이 소장 사실을 시인했습니다. 문제 제기 이전에는 국립중앙박물관조차 '명성황후 표범 양탄자'에 대한 소장 사실을 잘 알지 못했습니다. 60년이 넘는 세월 동안 박물관 수장고에서 잠자고 있었던 것이죠. 지금도 박물관과 문화재청은 미국으로부터 반환받은 기록이 없기 때문에 이것이 아델리아 홀이 반환한 문화재인지 아닌지에 대한 확신을 못하고 있습니다. 좀 더 깊은 조사가 요구되는 시점입니다. 그 외에도 아델리아 홀의 기록에는 금관, 칼, 관인옥새를 포함하고 있는 듯에 대한 기록이 있습니다.

그럼 아델리아 홀 레코드에
쌍룡검에 대한 기록도 있나요?

일단 참고한다는 가정 하에 조사를 진행하고 있습니다. 아델리아 홀의 기록에는 '한국 대사관의 건'이란 문서가 있는데, 거기에 왕관, 정부의 도장, 칼이란 내용이 적혀 있습니다. 왕관, 정부 도장과 같은 것은 왕실 물건인데, 그렇다면 이왕가박물관조선왕실박물관을 말함. 덕수궁에 있었음에서 유출된 문화재란 것을 알 수 있습니다. 이곳에 쌍룡검이 소장되어 있었으니까 아델리아 홀이 언급한 칼이 바로 이순신의 칼, 쌍룡검일 가능성도 있는 것이지요.

쌍룡검인지 아닌지는
확신할 수 없다는 말씀인가요?

네. 그렇지만 조사 과정을 통해 좀 더 많은 정보를 갖게 될 것으로 보입니다. 일단 이순신 쌍룡검의 행방에 대한 아무 단서도 없는 상황에서 이왕가박물관에 있던 칼에 대한 기록을 찾았다는 것도 큰 성과라고 생각합니다. 단 1%의 가능성만 있어도 확인해 봐야 하는데, 같은 소장처에서 약탈당했다면 이순신의 칼일 가능성이 상당히 있다고 생각하는 것이지요. 혹시 확인 결과 쌍룡검이 아니더라도 우린 새로운 중요 문화재 하나를 발견할 수 있을 겁니다. 조선 시대의 도검이 약 300개에 불과한 시점에서 왕실박물관에 있었던 칼이 나타난다면 아주 가치 있는 발견이 될 것으로 생각합니다.

스님께서는 문화재제자리찾기 운동을
오랫동안 하신 것으로 알고 있는데,
어떤 성과들이 있으셨나요?

대표적인 것으로는 2006년 도쿄대학으로부터 조선왕조실록 오대산 사고본을 돌려받은 일입니다. 3회에 걸친 도쿄대학과의 협상으로 우리나라로 반환받는 데 성공했습니다.

국내 문화재 반환 운동은 역시 2006년의 일입니다만 삼성 미술관 리움이 소장했던 '현등사 사리구'를 1년여 소송 끝에 결국 반환받았습니다.

조선왕실의궤 등 1205책의 반환 운동도 성공했습니다. '명성황후 표범 양탄자' 발견도 최근의 중요한 성과라고 할 수 있습니다

승려로서 칼을 찾는 것에 대한 비판은 없습니까?

불교에서 칼은 '진정한 마음'을 상징합니다. 대구 동화사나 개심사 등은 대웅전 맞은편 건물을 '심검당_{칼을 찾는 곳}'이라고 부릅니다. 이는 칼이 우리에게 내재한 불성을 상징함을 단적으로 보여 주는 것입니다. 그런 면에서 불교 수행은 번뇌를 자르는 '마음의 칼'을 얻는 과정이라고 할 수 있습니다. 그것을 좀더 사회적으로 변형한다면, '이순신의 칼'을 찾는 과정도 불교 수행과 다르지 않다고 생각합니다.

사라진 이순신의 자취를 찾아서

우리나라 사람이면 누구나 그렇지 않을까요? 한 나라가 유지되기 위해서는 없어져선 안 될 물건이 있다고 생각합니다. 이른바 국보겠지요. 이순신 장군의 칼은 어떻게 생각하면 우리나라의 국보 중의 국보입니다. 나라를 지킨 구국의 칼이자 사람을 살려 낸 진정한 활인검일 것입니다. 그런 칼을 우리가 현대사의 격동기에 잃어버렸다는 것은 가슴 아픈 일입니다. 더욱 가슴 아픈 건 우리가 그런 사실을 잘 인지하지 못하고 있다는 것, 그리고 잃어버린 것을 찾으려 하지 않는다는 점입니다.

네. 잃어버린 물건을 찾는 것은 주인 의식을 회복하는 일입니다. 다소 불교적인 이야기가 될지 모르겠습니다만, 자기가 무엇을 잃어버렸는지도 모르고 살아가는 것이 중생의 삶이라면,

잃어버린 진실을 찾아 나서는 것이 구도자요, 보살의 삶이라고 생각합니다. 그것은 자기 정체성 회복의 길이자 스스로를 찾아가는 탐구의 길이라고 봅니다. 제가 '제자리찾기'란 명제를 지니고 무언가를 찾으려고 하는 것도 그런 이유입니다. 저는 그 끝이 언제나 '진실의 재발견'으로 이어져 있으리라고 믿고 있습니다.

행방불명된
이순신 공신 교서

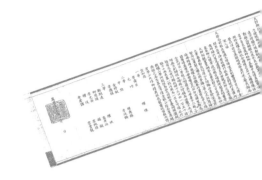

선조는 이순신에 대한 평가에 인색했다. 이순신이 명량해전에서 큰 승리를 얻었다는 소식을 접한 뒤, 명나라 장수 양호는 "배에 붉은 천을 걸어 주는 예식을 거행하고 싶으나 너무 멀어서 가지 못한다."고 찬탄하며, 은전 20냥과 붉은 비단 한 필을 보냈다. 또 선조에게 이순신을 표창해 줄 것과 동시에 명나라 황제가 이순신을 표창할 수 있도록 승전 소식을 명나라에 보고해 주기를 요청했다. 그런데 이순신을 탐탁치 않게 생각했던 선조는 부정적 반응을 보였다.

우리나라 군신이 적을 토평하지 못하여 중국을 번거롭게 만들고 있는 실정이니 죄를 기다릴지언정 무슨 기록할 만한 공로가 있겠는가. 비록 사소한 적을 참획하였다 하더라도 이는 변장(邊將)의 직분상 당연히 할 일을 한 것일 뿐, 아직 하나의 적진을 섬멸하지도 못하였고, 한 명의 적장도 참획한 일이 없으니, 우리나라의 변장들로서는 당연히 죄를 받아야 할 입장에 있는 것이다.

　　　　　　　　　　－「선조실록」, 1597년 10월 20일

「선조실록」 1598년 4월 15일에는 비변사가 이순신의 승전에 대해 명 황제에게 표창을 상신해도 좋겠다는 의견이 기록되어 있다.

우리나라가 사소하게 적의 수급을 참획한 일을 상문(上聞)까지 한다는 것은 과연 미안한 일이니, 상께서 감히 못하겠다고 사양하는 뜻을 경리에게 고하게 하신 것은 극히 당연한 일입니다. 다만 경리가 그에 대한 뜻을 이미 굳히고 있는데 아문의 소관(小官) 무리들까지 매우 완강하게 통고하는 것을 막고 있습니다. 형세가 이렇게 되었으니 억지로나마 그들의 뜻을 따르는 것이 좋을 것 같고, 또한 의리에도 크게 손상되지는 않을 것입니다.

　　　　　　　　　　－「선조실록」, 1598년 4월 15일

그러나 선조는 이순신을 표창할 수 없다는 뜻을 단호하게 밝히고 있었다.

> 내가 일부러 겸손한 말을 하는 것이 아니라 사실 감히 그럴 수
> 없어서이다. 우리나라 장수들이 수급을 얻은 것은 흡사 어린
> 애들 장난과 같아서 천하에 웃음거리가 되고 있는데 어떻게
> 감히 그 수효를 적어 상문까지 하여 또 한번 조정으로부터 죄
> 를 얻겠는가. 경리 대인의 말은 그것이 비록 권장하고 격려하
> 는 뜻에서 나온 것이라 할지라도, 우리의 도리로서는 크게 미
> 안한 바가 있는 것이다.
> 만약 아문의 관리들이 (양호에게 이런 사실을) 통고하기 어려
> 운 처지라면 내가 직접 게첩(揭帖)을 만들어 보낼 것이니 다
> 시 논의하여 아뢰라. 그리고 이순신에 대하여는 참으로 포상
> 할 만한 일이지만 (품계 등을) 가자(加資)하는 것은 좀 지나친
> 듯하다. 그러나 가자해야 할 것인지, 아니면 달리 상을 내릴 만
> 한 일이 있을는지 의논하여 아뢰라. 나머지는 아뢴 대로 하라.
> ― 「선조실록」, 1598년 4월 15일

선조는 이순신의 상훈에 대한 당위성은 인정하면서도, 끝내
어떤 실질적 조치에 이를 생각은 없었던 듯하다. 명나라 장군
이 황제에게 표창을 상신하겠다는 강한 의지를 표명하자, 이
를 본인이 직접 거부 의사를 통고하겠다고 한 것이다. 게다가

이순신의 품계를 올려 주지 않겠다는 것을 간접적으로 시사하면서, 상을 내릴 다른 방법을 알아보라는 식으로 얼버무리고 있다. 이는 상훈을 내리지 않겠다는 뜻을 명확히 한 것에 다름 아닌 처사였다.

선조의 이런 의식은 임진왜란이 종결된 이후 공신 책봉과 관련된 평가에도 반영되었다. 임진왜란 · 정유재란이 종결된 뒤, 선조 34년¹⁶⁰¹부터 37년¹⁶⁰⁴까지 공신 심사가 진행되었다.

공신 책봉은 호성공신(扈聖功臣)과 선무공신(宣武功臣)으로 나누어 진행되었는데, 선무공신이 전장에서 외적과 싸웠던 무장에 대한 포상이고, 호성공신은 글자 그대로 '임금[聖]을 뒤따른[扈] 공신들'이었다.

선조는 일본의 침입을 막아 낸 것은 우리 스스로의 노력이 아니라, 명나라 군대의 도움이란 인식을 갖고 있었다.

이항복이 아뢰기를,
"우리나라가 비록 중국 군대의 힘에 의지하여 오늘날이 있지마는 여러 장수들의 노고도 적지 않습니다. 만일 호성공신의 말석에다 부친다면 여러 장수들이 필시 불만스러워할 것입니다."
하니, 상이 이르기를,
"중국 군대의 힘이 아니면 왜적을 어떻게 물리쳤겠는가. 강토를 회복한 것은 모두 중국 군대의 공이다. 우리나라 사람은 한 일이 없다. 이는 내가 사실에 근거하여 한 말이다.

- 「선조실록」, 1598년 3월 17일

전국에서 일어난 의병과 승병, 이순신의 혁혁한 군공들이 그의 머릿속에는 존재하지 않았다. 따라서 공신 책봉에 있어서도 호성공신의 뒤에 선무공신을 부기(附記)하는 정도로 끝내려고 했던 듯하다. 대신들의 반발에 부딪혀 겨우 선무공신을 따로 책봉한 형태였다. 따라서 호성공신은 86명인 데 비해 선무공신은 18명에 지나지 않았다. 이런 행태에 대해 사관은 부끄러운 일이라며 준엄한 비판을 실록에 병기해 놓았다.

호종한 신하들은 많이 참여시키고 싸움에 임한 장사들은 소략하게 하였으니, 공에 보답하는 방도를 잃었다고 할 만하다.

- 「선조실록」, 1603년 2월 12일

우여곡절 끝에 1604년_{선조 37, 만력 32}, 선조는 임진왜란에서 큰 공을 세운 장군 18명의 공신을 책봉한다. 1등은 이순신, 권율, 원균 등 3인이고, 2등은 신점, 권응수, 김시민, 이정암, 이억기 등 5인, 3등은 정기원, 권협, 유사원, 고언백, 이광악, 조경, 권준, 이순신(李純信), 기효근, 이운룡 10명 등 총 18명이었다.

이순신에게는 그토록 야박했던 선조였지만 원균에게는 각별한 생각을 가졌던 듯하다. 이순신과 권율이 선무일등공신, 원균이 2등공신으로 평가되자 적극적으로 원균 옹호론을 개진한다.

나는 원균이 지혜와 용기를 구비한 사람이라고 여겨 왔는데, 애석하게도 그의 운명이 시기와 어긋나서 공도 이루지 못하고 일도 실패하여 그의 역량이 밝혀지지 못하고 말았다. 전번에 영상이 남쪽에 내려갈 때 잠시 원균을 민망하게 여기는 뜻을 가졌었는데, 영상이 기억하고 있는지 모르겠다. 오늘날 공로를 논하는 마당에 도리어 2등에 두었으니 어찌 원통하지 않겠는가. 원균은 지하에서도 눈을 감지 못할 것이다.

– 「선조실록」, 1603년 6월 26일

선조가 강력한 의지를 표명하자, 조정은 "원균은 당초에 군사가 없는 장수로서 해상의 대전에 참여하였고, 뒤에는 주사(舟師)를 패전시킨 과실이 있었으니 이순신·권율과는 같은 등급으로 할 수 없어서 낮추어 2등에 녹공했던 것인데, 방금 성상의 분부를 받들었으니 올려서 1등에 넣겠습니다."라고 하여, 선무일등공신으로 책봉되게 된다.

의병장으로 혁혁한 군공을 세웠던 홍의장군 곽재우, 정문부

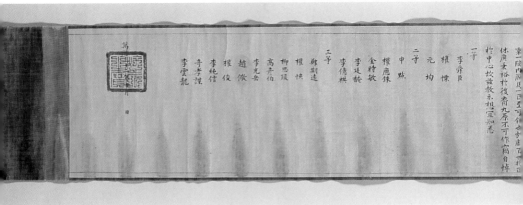

장군 등이 공신 목록에 선정되지 못한 반면, 임금 주변에서 잡
일을 하는 내시 무리들 중에서 24명이나 호성공신이 됐다. 그
야말로 형편없는 논공행상이었다.

2006년 김시민 공신 교서 확인,
이순신 공신 교서는 어디에?

도쿄대학에 소장되어 있던 조선왕조실록 환수 문제로 정신없
이 지내고 있을 때로 기억한다. 2006년 3월 조선왕조실록환수
위를 출범시키고, 도쿄대학에 조선왕조실록 반환 요청서를 전

보물 1146호 김시민 장군 공신 교서 국내 반입 후 2006년 12월 29일 보물 1476호로 지정되었고, 현재 진주 국립 박물관에 소장되어 있다. 가로 38.4cm 세로 287cm.

달하면서 석 달 동안 8회나 도쿄를 오가며 환수 협상을 진행하고 있었다. 3차에 걸친 협상 결과, 도쿄대학은 조선왕조실록 47책을 반환하기로 결정했다. 1965년 한일협정 이후 최초의 국보급 문화재의 반환이었으며, 기증이나 매입 형태가 아니라 당당하게 우리의 반환 요구를 관철해 낸 '민족적 쾌거'였다.

이와 시기를 같이하여 김시민 공신 교서도 우리나라로 돌아왔다. MBC 느낌표와 시민단체, 진주 시민들이 모금 운동을 통해 도쿄의 골동품상으로부터 매입한 결과였다. 문화재환수 운동이 대중적으로 전개되면서 얻어 낸 또 하나의 성과였다. 비록 조선왕조실록 환수처럼 정당한 요구를 개진한 반환 운동의 형태를 갖춘 것이 아니라 매입이란 문제점이 있었지만 문화재

사라진 이순신의 자취를 찾아서

보물 1133호 원균 장군 공신 교서 경기도 박물관 소장.

귀환이란 측면에서 의미 있는 일이었다고 생각한다.

　김시민 공신 교서는 선조가 진주성 싸움 등의 공적을 치하하면서 노비와 토지 등을 하사한 내용으로 되어 있다. 가로 226cm, 세로 37.2cm의 비단 두루마리에는 "경상우도병마절제사 겸 진주목사 김시민을 선무2등공신으로 추증하고, 부모, 처자에게도 작위를 내리며, 상으로 노비 9명, 밭 80결, 왕의 말 1필을 하사한다."는 내용이 기록되어 있다. 지금까지 전해진 것은 이광악보물 952호, 이운룡보물 1212호, 원균보물 1133호의 교서 등 3건이었는데, 여기에 김시민 공신 교서가 추가되면서 총 4건의 선무공신 교서가 존재하게 된 셈이었다.

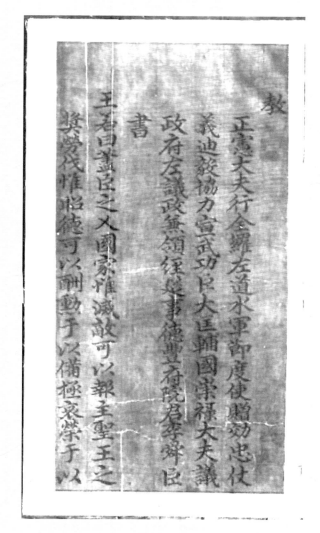

教
書

正憲大夫行全羅左道水軍節度使贈效忠仗
義迪毅協力宣武功臣大匡輔國崇祿大夫議
政府左議政兼領經筵事德豐府院君李舜臣

王若曰籲臣之文國家惟滅敵可以報主聖王之
獎奬代惟指德可以酬勳于以備極哀榮于以

조선총독부가 촬영한 「이순신 공신 교서」 유리 원판 사진 1928년, 충남 아산 이순신 종가에서 촬영되었다.

2006년 김시민 공신 교서가 공개되면서, 선무일등공신 3명 중 이순신과 권율의 교서는 어디론가 사라져 버리고 원균의 공신 교서만 현존하고 있다는 사실에 좀 놀랐다. 원균의 공신 교서는 보물 1133호로 지정되었으며1992.04.20, 왜군을 물리치고 장렬하게 전사한 원균에게 죽은 후에도 그 후손들을 계속해서 보살필 것임을 밝히고, 노비 13명, 전 150결, 은 10냥, 옷감 1단, 말 1필을 내린다는 내용이 적혀 있었다. 이순신 공신 교서가 존재하지 않는다는 점은 몹시 아쉬운 일이지만, 원균의 공신 교서라도 남아 '조선 수군의 빛나는 승전 기록'을 증언한다는 것만이라도 다행스러운 일이었다.

그렇다면 이순신 공신 교서는 어디로 간 것일까? 이순신 종가에서 난중일기를 비롯해 서간첩, 무과 급제 교지 등을 완벽히 보존해 온 점을 고려하면 가문의 영광을 상징하는 공신 교서가 사라졌다는 것은 쉽게 이해되지 않는 일이었다. 그러나 당국은 "공신 교서는 현충사나 종가댁 어디에도 소장하고 있지 않다."는 답변이었고, 임진왜란 전문가들도 "이순신 공신 교서의 실물을 본 적이 없다."는 입장이었다. 다만 국사편찬위가 보관하고 있는, 조선총독부가 1928년 촬영한 현충사 유물 사진에 이순신 공신 교서가 나타나 있다는 점까지는 확인할 수 있었다.2006. 7. 26. 〈국방일보〉, 한국의 군사문화재 순례 〈126〉충무공 선무공신 교서.

이순신 공신 교서의
행방을 둘러싼 논란

2007년 이순신 공신 교서를 찾기 위해 경찰이 수사에 나섰다는 기묘한 기사를 접했다. 2007. 6.20. 〈연합뉴스〉. 아산 경찰 '충무공 공신 교서' 행방 수사. '이순신 공신 교서'가 아직 존재할 가능성을 시사하는 내용이었기에 눈이 번쩍 띄었다.

기사에 의하면 이순신 종가의 종부 최씨는 "시아버지께서 살아 있을 때인 지난 1988년 공신 교서를 본 기억이 난다."며 "그후 집안에 보관해 놓은 뒤 관심을 두지 않았으나 최근 인터넷에 떠도는 사진을 보고 공신 교서가 없어진 것을 확인했다."는 진술을 한 것으로 알려졌다.

더욱 반가운 소식은 경찰 관계자가 "진정인을 불러 1차 조사를 벌였으며 인터넷에 사진을 올린 관계자와의 통화를 통해 공신 교서의 소재 등을 파악했다."는 내용이었다.

기쁜 마음을 진정시키고 기사의 내용을 찬찬히 들여다보니 의아스런 점이 몇 가지 눈에 보였다. 종부 최씨는 이미 '1988년 공신 교서를 본 기억'이 있다고 했는데, 그 당시에는 이순신 공신 교서가 세상에 알려지지 않은 점, 인터넷에 이순신 공신 교서가 떠돌고 있다는 점, 경찰에 진정이 접수되자마자 소재 파악을 완결한 점 등이 미심쩍었다. 이순신 공신 교서처럼 중요한 유물이 이렇게까지 방기되어 2007년에야 소재 파악이 되었다는 사실은 믿기 어려운 일이었다.

좀 더 심도 있는 조사를 해 보니, 종부 최씨가 경찰에 수사를 의뢰하기 두 달 전, 중앙일보는 이미 '이순신 공신 교서의 행방'에 대한 기본적인 문제 제기를 보도하고 있었다.2007. 4. 28. 〈중앙일보〉, 이순신 공신 교서 어디로 갔나?

위에서 언급한 대로 조선사편수회는 1928년 충남 아산군 덕수 이씨 종손 이종옥 씨가 보관하고 있는 공신 교서를 사진으로 촬영한 적이 있었다. 그 뒤에 덕수 이씨 종가에서 공신 교서를 보관한 것으로 추정되며, 덕수 이씨 문중 관계자는 "어렸을 때 공신 교서를 본 기억이 난다. 두루마리가 아닌 책자 형태"라는 증언까지 하고 있었다. 그러나 문화재청이나 정부만 이순신 공신 교서에 대해 잘 모르고 있었던 듯하다. 문화재청 문화재위원인 홍순민 교수명지대 교양학부는 "박정희 대통령 때 충무공을 성웅(聖雄)으로 만드는 작업이 한창이었는데도 공신 교서가 문화재로 지정되지 않은 것은 당국이 존재를 아예 모르고 있었다는 얘기"라고 말했다고 한다.

또 다른 진술들이 잇따르기 시작했다. 서지학자이자 독도박물관을 운영했던 이종학2002년 사망 씨의 딸 선영(38)씨는 "90년대 공신 교서를 본 적이 있고, 아버지가 이것을 현충사에 기증한 것으로 안다."고 말했지만, 현충사 측은 "이씨의 기증품

목록엔 공신 교서가 없다."고 해명했다. 현충사는 그때까지만
해도 공신 교서의 존재 사실을 전혀 모르고 있었던 듯하다.

뜻밖에 공신 교서는 인터넷을 통해 건재함을 알리고 있었다.
2005년 '충무공 이순신 사이트www.choongmoogongleesoonsin.
co.kr'에 공신 교서 컬러 사진이 올라온 것이었다. 이 사이트를
운영하는 이천용 덕수 이씨 모임 총무는 "문중 인사가 보관하
고 있는 진본을 촬영한 것"이라고 진술했지만, 반면 당사자로
지목된 이 모씨는 "나는 가지고 있지 않다. 누가 소장하고 있
는지 모른다."고 밝혔다고 한다.

이런 와중에 문화재청이 취한 입장은 다소 의외다. 관계자
는 "현존하고 있다는 얘기는 들었다. 그러나 개인 소장품을 소
장자의 의사 없이 조사하기는 어렵다."는 방관적 입장이었다.

이순신 공신 교서
드디어 모습을 드러내다

이순신 공신 교서는 결국 그 모습을 드러냈다. 문화재청은 2008
년 7월 12일 충무공의 15대손 이재○ 씨로부터 이순신 공신 교
서를 기증받아 진품임을 확인한 뒤, 국립고궁박물관에서 실물
을 공개했다. 이 교서에는 77행에 걸쳐 이순신이 세운 공적에

사라진 이순신의 자취를 찾아서

대한 찬양과 공신으로 책훈함에 따른 상으로 본인과 부모, 처자를 3계급 승진시키고, 노비 13구와 토지 150결, 은자 10량, 표리 1단, 내구마 1필을 하사한다는 내용을 밝히고 있다.

문화재청은 이순신 공신 교서의 행방을 둘러싸고 일어났던 그간의 논란에 대해서도 입장을 밝혔다. 서지학자였던 이종학 씨2002년 작고의 가족들은 선무공신 교서가 현충사에 기증된 것으로 알고 있었으나 현충사에는 실물이 존재하지 않는 것으로 확인되었다. 이렇듯 공신 교서의 행방이 묘연해지자 덕수 이씨 종가의 종부 최모 씨가 지난 2008년 6월 대전지검 천안지청에 공신 교서를 찾아달라는 진정을 접수했고, 그 후 2개월여 만에 충무공의 15대손 이재○ 씨가 보관하고 있는 것으로 밝

이순신 장군 공신 교서 2008년 6월 27일, 보물 1564호로 지정되었다.

헛졌다고 한다. 이재○ 씨가 1996년 이종학 씨의 집에 들렀다가 공신 교서를 받아온 것이었다. 이씨는 도난의 위험을 우려해 문화재청에 기증 의사를 밝혔다는 것이다. 2008. 8. 23. 〈연합뉴스〉.
충무공 공신 교서 문화재로 햇빛 본다.

그러나 문화재청의 발표는 몇 가지 문제점을 드러내고 있었다. 이종학 씨가 기증한 '공신 교서'가 왜 현충사에 존재하지 않게 되었는지, 기증자로 밝힌 이재○ 씨는 1996년 무슨 연유로 이종학 씨에게 공신 교서를 받아오게 되었는지 아마도 무상으로 받아온 듯, 중앙일보가 공신 교서의 행방을 취재할 당시 가지고 있지 않다고 부인했는지 등이 석연치 않은 의문으로 남아 있었다. 아마도 공신 교서를 둘러싼 서로 간의 이해관계가 충돌

사라진 이순신의 자취를 찾아서

하면서 세상에 공개되지 못했고, 검찰에 수사를 의뢰하는 극단적인 방식으로까지 갈등이 폭발되어 왔던 일로 추측할 뿐이다. 이러한 모든 의혹과 불미함에도 불구하고 이순신 공신 교서가 다시 세상에 나왔다는 것만으로도 충분히 상쇄가 되고 남음이 있으리라. 나는 오히려 충무공 후손들이 수백 년이 지난 세월 동안 공신 교서를 잘 보관해 주었음에 민족의 한 사람으로 감사의 마음을 전하고 싶은 심정이었다.

한 가지 못마땅했던 것은 이런 논란을 수수방관했던 정부 당국의 처사였다. 광복 이후 공신 교서의 존재를 모르고 지내왔던 것은 그렇다 하더라도 이종학 씨가 현충사에 기증한 뒤에도 '공신 교서'의 존재 사실을 파악하지 못했다는 것은 의아한 일이다. 게다가 2005년 인터넷에 공신 교서 컬러 사진이 게재되고, 중앙일보 보도, 종부 최씨가 사법당국에 진정서를 제출하는 일련의 과정들에서조차 '개인 소장품을 소장자의 의사 없이 조사하기 어렵다.'며 아무런 조치 없이 팔짱 끼고 방관한 것은 이해할 수 없는 일이다.

공신 교서 행방불명
사건 그 이후

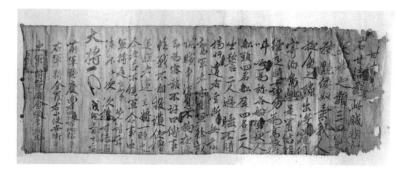

이순신 장군 감결 밤 동안 적의 출몰에 각별히 주의할 것과 적중의 소식을 아는 대로 밀보(密報)하고 절대 구전(口傳)하지 말 것을 명령하는 내용. 이순신 장군의 친필. 1928년 5월 촬영.

공신 교서의 행방불명 사건을 조사하면서 일제 강점기 조선사 편수위가 촬영한 유리 원판 사진 중에 행방이 밝혀지지 않은 문서가 몇 가지 더 존재한다는 점을 알게 되었다. 나는 그중에서도 이순신이 휘하의 병사들에게 내린 '감결'의 행방에 깊은 관심을 갖게 되었다. 감결은 1598년 3월 12일 이순신 장군이 군사들에게 지켜야 할 규칙을 조목조목 밝힌 '약속군중사(約束軍中辭)'의 내용이 적혀 있는 친필 기록이다.

적의 소식을 듣거든 비록 한밤중이라도 즉시 비밀리에 보고하되 구두로 전달하는 일은 허락하지 않는다. 또 전투할 때 서로 구원하지 않고 배를 저어 도망하는 자나 주장의 일시 명령이

사라진 이순신의 자취를 찾아서

라도 어기는 자는 모두 군법에 부치고 용서하지 않을 것이다. 이것을 중군장에게 알리는 바 선봉 척후들도 차례차례 이 약속을 받들도록 하라.

그런데 이 감결의 행방을 두고 '이순신 공신 교서'와 비슷한 논란이 또 다시 시작되는 듯하다. 덕수 이씨 충무공파 종회^회장 이채ㅇ는 감결(甘結), 기복수삼도통제사교서, 우의정 추증 교지 등 충무공 관련 유물을 찾아달라는 진정서와 매매 금지 가처분 신청을 낼 계획임을 밝혔다. 또 이들은 이 유물들의 소장자를 종부 최씨로 추정하면서 "종가 소장 유물은 충무공파 종회를 대신해 종가가 관리하는 나라의 소중한 문화유산"이라며 "종부가 법적인 소유자라고 해서 멋대로 팔 수 없는 것인 만큼 당국이 행방을 찾아달라는 진정서를 내고 가처분 신청도 내기로 했다."고 말했다._{2009. 4. 6. 〈연합뉴스〉.}

이순신 유물을 둘러싼 논란에 개입하기는 어려운 일이겠지만, 행정당국이 더 이상 방관하지 말고 일단 행방 파악에 최선을 다해 주기를 바라는 수밖에……. 어디엔가 숨어 있을 이순신 장군의 친필 감결을 보게 될 날은 언제일지, 마음이 무겁다.

이순신의 투구와
보관함을 찾아서

2010년 가을, 나는 야스쿠니 신사 유슈관遊就館 : 군사박물관에 있었다. 노무현 대통령께서 재임 기간 중에 일본에 방문한다면 한번 가 보고 싶다고 말했던 곳이었다. 유슈관에는 1274년 고려와 몽고의 연합군이 일본 원정을 단행했을 당시의 상황을 그린 전쟁화와 몇 가지 유물들을 전시하는 가미가제[神風] 특별전이 열리고 있었다.

거기서 뜻밖에 조선 시대 최고의 군 통수권자가 착용한 '용봉문 투구와 갑옷'을 발견했다. 투구에는 금으로 용과 봉황을 조각했으며, 이마 가리개에는 최고 통수권자를 지칭하는 원수(元帥)라는 글자가 새겨져 있다.

이 투구를 보는 순간 가슴속으로부터 치밀어 오르는 느낌을 참을 수가 없었다. 이것은 KBS 드라마 「불멸의 이순신」에서

야스쿠니 신사 소장 조선 시대 용봉문 투구와 갑옷 조선군 최고위 직인 '원수(元帥)' 란 글자가 새겨져 있다.

이순신의 투구 KBS 드라마로 방영되었던 '불멸의 이순신'의 포스터(왼쪽 사진). 조선 시대 용봉문 투구(오른쪽 사진, 야스쿠니 신사 소장)와 투구 모양이 동일하다.

이순신 장군이 착용하고 나왔던 바로 그 용봉문 투구였다. 게다가 적국 항복(敵國降伏)이란 글씨 옆에 진열, 마치 조선 최고의 장군이 일본 천황에게 항복한 것처럼 보이도록, 다분히 의도적으로 진열하고 있었다. 일본 제국주의의 심장인 야스쿠니 신사에 조선군 최고통수권자인 '원수'의 투구와 갑옷이 인질처럼 유폐되어 있는 느낌이었다.

울분을 참지 못한 나는 즉각 우리나라 언론, 재일 교포 사회 등에 이 사실을 알리고 야스쿠니 신사 관계자를 방문, '용봉문 투구의 반환'을 촉구하는 서신을 전달했다. 이 사건은 KBS 9

사라진 이순신의 자취를 찾아서

시 뉴스를 비롯하여 연합뉴스, 서울신문 등에 보도되어 세상의 주목을 받았다. 나는 이 제보로 2010년 KBS 시민기자상을 수상하는 영광을 누렸다.

야스쿠니 신사 소장 용봉문 투구에 대한 요망서
歸依佛法僧

저는 조선왕실의궤환수위 사무처장을 맡고 있는 조계종 승려 혜문이라고 합니다. 저는 며칠 전 야스쿠니 신사의 유수관(遊就館)에 방문, '가미카제(神風; 신풍)' 특별전을 관람했습니다. 이곳에 전시된 여러 가지 역사적 자료를 관람하던 중 '용봉문갑주(龍鳳紋甲胄)'를 보고 느낀 바가 있어 요망서를 제출하게 되었습니다.

특별전에 전시 중인 용봉문 갑주는 조선 시대 군 최고통수권자인 '원수'가 사용했던 것으로 보이고, 명치 18년 야스쿠니 신사에 봉납되었다고 기록되어 있습니다. 조선 시대 최고 군 통수권자가 사용하던 갑옷이 야스쿠니에 봉납, '승전 기념물'처럼 전시되고 있는 것은 '미래 지향적인 한일 관계'를 위해 좋지 않을 듯 싶습니다. 게다가 이 유물은 '적국항복(敵國降伏)'이란 글씨와 함께 전시되어 있었습니다.

1945년 이후 한일 관계는 적대적 관계가 아니라 우호적 관계로 나가고 있으며, 동아시아의 평화와 번영을 위한 동반자로 성장해 왔습니다. 이런 측면에서 한일 강제 병합 100년에 입각한 일본 총리의 담화가 발표되었고, 일본 황실에서도 '조선왕실의궤'를 원산국으로 인도하는 방침을 정한 것으로 알고 있습니다. 야스쿠니 신사 역시 '우호적 관계'를 위해 2006년 북관대첩비를 한국 측으로 인도하는 '용기 있는 결단'을 내린 것으로 이해하고 있습니다.

귀 신사에 봉납된 용봉문 투구와 갑옷은 '자주 국방'을 상징하는 '원수(元帥)'의 물품으로 상징적 가치가 매우 클 뿐만 아니라, 한국에서 조차 찾아보기 힘든 귀중한 문화재입니다. 이런 문화재가 귀 신사에 봉납되어 있다는 것은 장차 한일 간에 새로운 분쟁을 야기할 우려가 있습니다. 나아가 한일 우호를 위해 '북관대첩비'를 인도해 주셨던 것처럼 '양국의 우호선린'를 위해 적절한 조치를 검토해 주시기를 간곡히 당부드립니다.

2010. 11. 29

혜문

이순신 장군 투구를
조사하다

야스쿠니 신사에서 용봉문 투구를 발견한 뒤, 문득 이순신의 투구에 관심이 생겼다. 당대에 이순신이 직접 작성한 난중일기를 비롯 이순신 장검 등이 전해지는 걸 보면 어딘가에 이순신 장군의 투구와 갑옷도 남아 있지 않을까?

관련 자료를 조사해 보았다. 임진왜란 당시 유성룡이 사용했던 투구가 남아 있었고, 이순신 5대손 이봉상 원수의 투구도 남아 있었다. 그러나 이순신의 투구 및 갑옷에 대한 기록은

■ 사진유리필름자료　　❶ 자료소개 ❷ 범례 ❸ 편성 ❹ 상세검색　가 ＋ －

HOI : NIKH.DB-fl_006_001_000_00

제목	李舜臣胄飾　이미지보기
분류	遺物·遺蹟 遺物
등록번호	사자 0231
본문	李舜臣胄飾 忠武公 李舜臣(1545~1598)이 사용하던 투구 및 투구 보관함.
설명	1 촬영 : 1928. 2. 소장 : 忠南 牙山郡 鹽峙面 白岩里 李種玉

Copyright ⓒ 한국사데이터베이스 All Rights Reserved 경기도 과천시 교육원로 86　　□ 메일 보내기 ∣ 개인정보보호정책

국사편찬위원회 사진 유리 필름의 기록 사항　국사편찬위원회 홈페이지에서 인용.

보물 460호 유성룡 투구 서애 유성룡이 직접 사용하던 것이다.

좀처럼 찾을 수 없었다. 그러던 와중에 국사편찬위원회에 소
장된 일제 강점기 조선사편수위원회가 촬영한 사진 유리 필름
에서 눈이 번쩍 뜨이는 사진을 발견했다. 1928년 2월 충남 아
산시에서 촬영된 사진으로 충무공 이순신이 사용하던 투구 및
투구 보관함의 사진이 보존되어 있었다.등록번호 사자 0231 가슴이
두근거리고 손이 덜덜 떨리는 흥분에 사로잡혀 국사편찬위원
회에 사실 관계를 확인하고자 질의서를 발송했다. 그리고 며
칠간 잠도 자지 못한 채 새빨갛게 충혈된 눈으로 초초하게 답
변을 기다리고 있었다.

이순신 투구와 보관함 국사편찬위원회 소장 사진(유리 필름).

국사편찬위원회 답변

며칠 후 드디어 답신이 왔다. 국사편찬위원회는 투구 및 보
관함과 관련한 다른 사진 자료는 없으며, 1928년 이종옥 씨 댁
에 보관 중으로 알려진 유물의 현재 소재는 유감스럽게도 알
지 못한다고 했다.

나는 이 답변을 받고 심장이 터질 것만 같은 분노와 실망감
에 빠졌다. 이순신의 투구가 1928년까지 존재했고 사진까지
남아 있었는데, 어느 시기인지 우리 사회의 무관심으로 사라져
버렸다는 사실을 받아들이기 힘들었다. 그날부터 이대로 끝내
버릴 수 없다는 아쉬움에 근 7일간 도서관에 파묻혀 발을 동동
구르는 심정으로 1928년 촬영된 이순신의 투구와 보관함에 대
한 각종 기록을 찾기 시작했다.

실마리는 뜻밖에 쉽게 풀렸다. 현존하는 이순신 유물 중 보

옥로 보물 326-2호. 조선총독부의 사진 유리 필름과 일치한다.(출처 : 현충사관리소)

물 326-2호 옥로와 이순신 투구의 사진이 일치하고 있었다. 옥로는 충청남도 아산시 현충사에서 보관하고 있는 충무공 이순신의 유품 가운데 하나로 백옥(白玉)에 3마리의 백로가 조각되어 있었다. 문화재청은 높은 관리들이나 외국에 가는 사신들이 갓머리에 달았던 장식품이라고 설명하고 있었다. 현충사측에 문의해 보니 현재 이순신기념관에서 전시하고 있다고 밝히며 관련 사진까지 제공해 주었다. 결국 이 사건은 국사편찬위의 무관심 혹은 무성의한 답변이 초래한 해프닝에 불과했던 일이었다.

국사편찬위는 왜 옥로를 투구 및 보관함이라 명명했을까?

이순신의 투구 및 보관함 사진은 결국 현충사에 소장된 옥로로 판명되었지만 의문은 남는다. 국사편찬위원회는 왜 옥로를 투구및 보관함이라고 명명했던 것일까?

정확한 이름은 이순신 주식(胄飾)으로, 현대어로는 '이순신 투구 장식' 정도로 번역될 듯하다. 국사편찬위원회는 사진 유리 필름 목록을 정리하면서, 투구 장식을 투구로 오인(誤認)한 것이고, '이순신 투구 및 보관함'이라고 명명함으로써 오해의 발단을 제공한 것은 아니었을까? 그렇다면 애초의 문제로 되돌아가서 1928년 조선사편수위가 '높은 관리들이나 외국에 가는 사신들이 갓머리에 달았던 장식품'을 투구 장식이라고 이름 붙인 연유를 되새겨 볼 필요가 있었다.

조선 말기『대전회통』에 의하면 시임(時任)·원임(原任) 대신이나 장신(將臣)은 융복과 군복을 입었을 때 입식에 옥로를 하였다고 한다(時 原任大臣將臣 戎服軍服時 笠飾玉鷺[대전회

이순신 영정 1977년 정형모 화백이 그렸다.

통 예전 의장조]). 한산도 제승당에 보관된 정형모 화백의 이
순신 영정은 융복을 착용한 모습으로 그려져 있는데, 나는 융
복 차림의 이 영정을 보고 옥로가 왜 투구 장식으로 명명되었
는지 이해하게 되었다.

　이 영정을 보면 이순신은 전립(戰笠)을 쓰고 있는데, 전립은
조선 시대 무관이 쓰던 벙거지 모자를 이르는 말로 여기에 옥
로 등을 달아 장식하였다고 한다. 그렇다면 이순신의 옥로는
장군이 융복 혹은 군복을 입었을 때 착용했던 물건이 아니었

철종 어진 보물 1492호. 고궁박물관 소장. 전립 위에 옥로 장식이 보인다.

을까 추정해 볼 수 있을 듯하다.

　그렇다고 하더라도 문제는 여전히 남는다. 현충사는 왜 이런 설명을 하나도 곁들이지 않고 옥로를 단순히 높은 관리들이나 외국에 가는 사신들이 갓머리에 달았던 장식품이라고 설명하고 있었을까? 옥로는 이순신이 군복을 착용하고 군대를 훈련하거나 근무할 때, 전립 위에 달았던 장식이라고 한다면 더욱 가슴에 와 닿지 않을까? 혹시 조선 시대 복식을 잘 모르는 나만 착각하고 있었던 사실일까?

이런 저런 생각들이 꼬리에 꼬리를 물고 생각에 잠기게 한다. 잔뜩 찌푸린 하늘을 바라보는 듯한 답답함이 가슴을 메운다.

> 정확한 단어와 거의 유사한 단어 사이에는 번갯불과 반딧불만큼의 차이가 있다.
>
> — 마크 트웨인

우리들의 일그러진 현충사

현충사는 우리에게 무엇인가?

이곳은 이순신 장군의 고택과 유품 등이 소재한 '호국의 성지'일 뿐만 아니라 '항일의 구심점'이다. 그런데 현충사마저 '일제와 친일의 잔재'에 찌들어 있다는 사실을 언제까지 묵과해야만 하는 것일까? 수십 년간 까막눈으로 살아 온 어리석은 우리 시대에 대한 분노가 천언만어로도 풀릴 것 같지 않았다.

세엣

'이순신 영정' 다시 제작해야

현충사의 본전에 걸려 있는 '이순신 영정'은 월전 장우성 화백이 그린 국가 표준 영정이다.

월전 장우성 화백月田 張遇聖, 1912~2005. 2. 28은 광복 후 서울대학교와 홍익대학교 미술대학 교수를 지내면서 많은 제자를 양성하고 대한민국 동양화단에 큰 영향을 미쳤다. 대한민국예술원 회원을 역임했고, 은관 문화훈장1976, 금관 문화훈장2001을 차례로 수여받았다. 문화관광부에 따르면 이순신, 정약용, 강감찬, 김유신, 유관순, 윤봉길, 정몽주 등 총 7점의 국가 표준 영정을 제작, 국가 지정 표준 영정을 가장 많이 제작한 작가로 꼽힌다.2005. 2. 28. 표준 영정 최다 제작 장우성 화백.

그러나 월전은 41년 조선총독부가 주관한 조선미술전람회

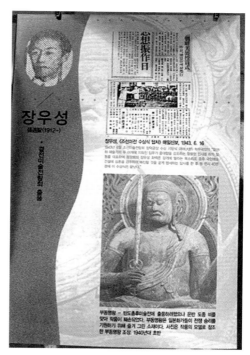

월전 장우성 월전 장우성의 조
선결전미술 출품작(1943). 그
는 『친일인명사전』에 친일파로
등재되어 있다.

에서 '푸른전복'으로 총독상을 받았고, 1942년과 1943년에 창
덕궁상을 수상했다. 반도총후미술전半島銃後美術展, 1943과 결전
미술전決戰美術展, 1944 등 일제가 군국주의와 황국 신민화를 고
취시키기 위한 전시회에 '일제를 찬양 고무하는 작품'을 출품,
친일 논란에 휘말렸다. 1943년 6월 16일자 매일신문에 의하면
그는 조선미술전람회 시상식1943.6.15에서 "감격에 떨리는 목
소리로 총후 국민예술 건설에 심혼을 경주 매진할 것을 굳게

이순신 표준 영정 월전 장우성이 1953년에 그렸다. 그의 친일 행적과 고증상의 오류 등으로 이 영정을 교체해야 한다는 의견이 끊이지 않고 있다(출처 : 현충사관리소).

유관순 영정 왼쪽은 장우성이 그린 것이고, 오른쪽은 윤여환이 그린 것이다. 2007년
에 표준 영정이 윤여환의 그림으로 교체되었다.

맹세했다."고 기록되어 있다.

　이와 같은 친일 행적으로 월전 장우성은 2008년 민족문제
연구소가 친일인명사전에 수록하기 위해 정리한 친일인명사
전 수록 예정자 명단 미술 부문에 선정되었고, 2005년 서울대
학교 교내 단체가 발표한 '서울대학교 출신 친일 인물 1차 12
인 명단'에도 포함되었다. 이런 친일 행적이 밝혀지자 그가 그

린 유관순의 표준 영정을 교체해야 한다는 주장이 일어나기도 했다. 영정의 모습이 순수하고 의기에 찬 18세 여고생의 모습이 아니라 수심에 가득 찬 40대 중년 여성의 모습이라는 지적도 함께 제기되었다.

논란이 확대되자 2007년 2월 2일 문화관광부 산하 동상영정심의위원회 위원장 안휘준는 윤여환 충남대학 회화과 교수가 제작한 유 열사의 전신 영정을 새 표준 영정으로 지정하는 안건을 통과시켰다.

안 위원장은 "기존 영정이 옥중 고문으로 얼굴이 부어 있는 수형자 기록표 사진을 참고해 그린 것이어서 중년 여성의 수심 깊은 얼굴처럼 보인다는 지적이 있었다."며 "10대 소녀의 청순하면서도 진취적인 기개가 담긴 새로운 표준 영정을 채택하는 안이 만장일치로 통과됐다."고 밝혔다. 2007. 2. 5. 〈동아일보〉, 유관순 열사 영정 21년 만에 교체.

그렇다면 이순신 영정을 친일파로 확정된 사람이 그렸다는 것도 이른바 '격에 맞지 않는 일'은 아니었을까?

이순신의 진짜 용모는 어땠을까?

全國에 散在한 20여개가 모두 容貌달라

正確한 典據…武人 風貌살려 製作해야

충무공 영정 고증 잘못 이순신 장군의 표준 영정 문제를 제기한 기사(1977. 5. 12. 동아일보).

장우성 화백은 이순신 영정을 제작하면서 용맹스런 장군의 모습보다 당상관의 복장을 한 단아한 선비의 모습을 형상화했다. 이는 유성룡의 『징비록』에 기록된 '말과 웃음이 적고 얼굴이 단아하고 근엄하게 생겨서 마치 수양하고 있는 선비와 같았으나 속에는 담기가 있었다[寡言笑容貌雅飭 如修謹之士中有膽氣].'는 구절에서 유래한 듯하다.

그러나 유성룡이 '용모아칙 여수근지사(容貌雅飭 如修謹之士)'라고 한 기록은 이순신의 구체적 용모를 묘사하는 표현은 아니었던 듯하다. 임진왜란 당시 의병장 김덕령(金德齡) 장군은 그의 초상을 본 가등청정(加藤淸正)이 "참으로 장군의 용모"라고 할 만큼 기골이 장대하고 무인의 풍모가 풍겨 나온 듯하다. 그러나 후인의 기록에는 유성룡의 기록과 동일한 표현

우리들의 일그러진 현충사

인 '용모아칙 여수근지사(容貌雅飭 如修謹之士)'라고 표현되어 있다. 따라서 이 표현은 문무의 차별이 엄격하던 조선 시대 관료 제도 아래서 국가에 공로가 있는 무인을 문인으로 예우하는 관용적 수사에 지나지 않는다는 설이 설득력을 지닌다.1977. 5. 12. 〈동아일보〉.

그렇다면 이순신의 진짜 용모는 어떻게 생겼을까?

안타깝게도 살아 있을 때 그려진 초상화는 존재하지 않는다. 다만 이순신을 직접 만났던 사람들이 남긴 몇 가지 기록만이 남아 있을 뿐이다.

이순신의 용모에 대해 가장 자세한 기록을 남긴 인물은 고상안(高尙顔)이다. 그는 1594년 3월 한산도에서 장군의 얼굴을 직접 보았고, 문집에 이순신의 용모에 대해 언급했다.

> 통제사와 며칠을 같이 지냈는데 그 언론과 지모는 과연 난리를 평정할 만한 재주였으나 얼굴이 풍만하지도 후덕하지도 못하고 상(相)도 입술이 뒤집혀서 복장(福將)은 아니로구나 생각했다.
>
> – 『태촌집(泰村集)』 중에서

이처럼 당대의 사람이 이순신의 무인적 풍모에 대해 표현하고 있음에도 불구하고, 징비록의 구절에만 집착해서 선비의 모

某爲統制使元均爲嶺南右水使李億祺爲湖南右
水使具思稷爲湖西水使留連半月察其爲人則元
水使廬矓無謀又失衆心李水使浮虛不實神不守
舍異日或戰破或短折惟具水使稍沉靜至今無蟣
壽福兼全統制則以同年之故同處累日其言論術
智固是燏亂之才而容不豐厚相又褻屐私心必爲
諸福將也不幸有㪍革之命雖得復用而纏過暮年
又中飛九不得考終可勝歎哉雖然身死之日爆盡
軍機以死統制走行長必雪國耻功紀太常名流
萬古炳然不死也其視元李諸輩豈可同日語哉

泰村先生文集卷四

一六一

태촌집에 나타난 이순신의 용모 『태촌집(泰村集)』을 남긴 고상안(高尙顔)은 조선 중기의 학자로, 40세 되던 해인 1592년(선조 25)에 임진왜란이 일어나 왜적이 침입하자, 향리인 상주 함창에서 의병 대장으로 추대되어 큰 공을 세웠다. 49세인 1601년(선조 34) 이후 지례현감·함양군수를 지냈고, 이덕형(李德馨)·이순신(李舜臣) 등과의 서사 기록(書事記錄)도 남긴 바 있다. 그 뒤 울산판관을 지낸 후, 벼슬을 그만두고 전원 생활을 하였다.

습으로 형상화하였다는 점은 분명 문제가 있어 보인다.

이순신 영정
복식 고증이
잘못되었다

이순신 영정과 관련된 기록을 살펴보던 중 장우성 화백의 복식 고증이 잘못되었다는 것을 발견했다.

조선 시대 관복에는 가슴과 등에 흉배(胸背)라고 불리는 표장(表章)을 달았었다. 조선은 1454년^{단종 2년} 양성지(梁誠之)의 건의에 따라 문무관 3품 이상의 상복에 흉배를 붙이게 되었다. 즉 대군은 기린, 도통사(都統使)는 사자, 왕자군(王子君)은 백택(白澤), 대사헌은 해치(獬豸), 문관 1품은 공작, 2품은 운학(雲鶴), 3품은 백한(白鷴), 무관 1·2품은 호표(虎豹), 3품은 웅표(熊豹)를 달도록 정하였다. 연산군 때에 이르면서 시행이 확대되어, 1품에서 9품까지 모두 착용하게 되었다. 일반적으로 문관의 경우 당상관은 학이 두 마리인 쌍학(雙鶴), 당하관은 학이 한 마리인 단학(單鶴)으로 정해졌다. 무관의 경우 당상관은 호랑이가 두 마리인 쌍호(雙虎), 당하관은 호랑이가 한 마리인 단호(單虎)로 정해졌다. 이 같은 제도는 1910년

쌍호문 무늬 흉배 위는 조선 시대 쌍호문 흉배(국립고궁박물관)이고, 아래는 이순신 영정의 흉배를 확대한 것이다.

까지 시행되었다.

이순신 영정에도 조선 시대 무관 당상관이 착용했던 쌍호 흉배가 그려져 있기는 한데, 국립고궁박물관에 남아 있는 쌍호 흉배와는 사뭇 다른 모습이었다. 실제로 조선 중·후기 사용된 쌍호문 흉배는 호랑이가 상하로 배치된 반면, 이순신 영정은 좌우로 배치되어 있다. 이런 형태의 흉배는 한 번도 본 적이 없는 것이었기에 혹시 잘못 그려진 것이 아닌가하는 의심을 품고 조사해 보았다. 그러던 중 오랫동안 조선 시대 복식을 연구해 온 권오창 화백이 이순신 영정의 흉배 고증이 잘못되었음을 지적한 기사를 찾을 수 있었다.

충무공 영정의 흉배(관복의 가슴과 등에 붙이던 수놓은 헝겊 조각)는 경국대전 문헌에 나온 흉배는 물론 권응수 장군의 흉배와도 다릅니다. 두 사람은 당시 같은 무관 2품이었지요. 그런데 권 장군 흉배는 호랑이 한 마리와 구름무늬로 되어 있는데 반해 충무공 흉배는 위에 호랑이 두 마리가 마주 보고 앉아 있고 아래에는 파도무늬가 들어 있죠. 이런 흉배는 문헌에 없고 유물도 없습니다.

- 2004.4.27. 〈동아일보〉, 충무공 영정 연구 권오창 화백.

권오창 화백의 지적에 의하면 잘못된 건 흉배만이 아니었다.

보물 제668호 권응수 장군 초상

이순신이 활동한 16세기에는 관복의 목 부위가 깊게 파이지 않
았고 소매가 현재의 영정처럼 지나치게 넓지도 않았다는 것.
또한 족대(발판)와 바닥 문양이 당대 양식과 달랐다. 종합적으
로 보면 영정 속의 이순신 복식은 3세기 뒤인 19세기 양식이
라는 게 그의 결론이다.

이순신 국가 표준 영정
다시 제작해야

이상에서 살펴본 바와 같이 월전 장우성 화백의 국가 표준 영정은 작가의 친일 논란, 무인의 기백을 표현하지 못한 점, 잘못된 복식 고증 등의 이유로 다시 제작되어야 한다고 생각한다. 나는 이순신 영정을 다시 제작, 이순신 장군의 실체에 접근하기 위해 다음의 3가지 사항을 제안하고 싶다.

첫째, 이순신 후손의 초상을 참고해야 한다. 후손은 어떤 형태로든 이순신의 모습과 닮았을 것이므로, 이를 참조한다면 이순신의 실제 용모에 대한 실마리를 찾을 수 있을 것으로 생각한다. 2011년 9월 27일, 국립중앙박물관은 기획 특별전 '초상화의 비밀'에서 교토대박물관에 소장된 이봉상1676~1728 초상을 처음 공개했다. 이순신의 5대손인 이봉상 초상은 1953년에 제작된 이순신 표준 영정과 나란히 놓였는데, 현충사 이순신 영정과는 다른 이질감을 풍겨 많은 사람들의 주목을 끌었다.

국립중앙박물관 문동수 학예 연구사는 "이봉상의 초상은 기골이 장대하고 용감무쌍한 무인의 분위기가 살아있으나 이순신 표준 영정에선 무인의 분위기를 느낄 수 없다."고 지적했다. 2011. 9. 27. 〈중앙일보〉, 터럭 하나까지 살아 숨쉰다, 초상화에 담긴 한국의 정신.

이봉상 초상과 이순신 영정 왼쪽은 18세기에 제작된 이봉상 초상(교토대박물관 소장)
이고, 오른쪽은 월전 장우성의 이순신 영정이다.

둘째, 무인의 용맹한 기상을 드러낼 수 있어야 한다. 유성룡
이 징비록에서 언급한 '단아한 선비의 모습'은 관용적 묘사일
뿐, 실제 이순신의 모습과는 차이가 있다고 생각한다. 이순신
을 직접 만났던 고상안의 묘사나 백호 윤휴의 기록을 참조하
고, 갑옷과 투구를 착용 '무인의 기상'을 풍겨 낼 수 있도록 제
작해야 한다. 조선 후기에 그려진 작자 미상의 이순신 초상, 청
전 이상범, 이당 김은호, 정창모 화백이 그린 모든 영정들이 무
인의 복장을 하고 있음에도 불구하고, 가장 중요한 현충사 국

조선 시대 갑옷과 투구 위 사진은 조선 시대 원수의 용봉문 투구와 갑옷(일본 야스쿠니 신사 소장)이고, 오른쪽 사진은 월전 장우성이 그린 권율 장군 영정(1970. 행주산성 충장사 봉안)이다.

가 표준 영정이 당상관의 복장을 하고, 문인처럼 그려져 있다는 것은 납득하기 어려운 일이다. 장우성 화백이 그린 권율 영정은 갑옷과 투구를 착용한 장군의 모습이 표현되었던 반면 이순신을 선비처럼 그린 것은 징비록의 영향에 지나치게 매여 있었던 까닭인 듯하다. 징비록의 기록에 연연하지 말고 활달하고 용맹한 이순신의 모습이 국가 표준 영정으로 지정되어야 할 것이다.

셋째, 이순신 초상에 대한 추가적 자료를 발굴해야 한다. 이순신 영정에 관한 조사를 거듭하면서, 임진왜란 당시 이순신 장군과 함께 전투에 참가했던 승려가 그린 초상화가 하나 존재했다는 기록을 찾았다.

일제 강점기 중등학교 교과서용으로 황의돈 선생이 저작한 중등 조선 역사 국문판에 이순신 초상화가 수록되어 있었다고 한다. 이 초상화의 진본은 전남 고흥군 녹동에 위치한 쌍충사(雙忠寺)에 보관되어 있던 것으로 충무공과 함께 참전했던 승병이 그린 것이라고 전해진다. 그러나 아쉽게도 영정 진본은 일본 사람이 소각했고, 유일한 사본 한 장만이 남아 충남 아산의 14대손인 이응렬 씨의 부친 이종욱 씨가 소장하고 있었다고 한다. 당시 이종욱 씨와 친교가 있던 황의돈 선생이 사진을

이순신 장군 벌교본 초상 이순신 장군 벌교본 초상이라고 알려진 사진(인터넷, 정확한 출처는 확인되지 않음).

빌려서 중등 조선 역사에 실을 수 있었다. 그 후 서울에 있는 미술 교사가 빌려갔는데, 6 · 25 사변으로 행방불명되었다고 한다. _{1970. 9. 15. 〈경향신문〉. 충무공 영정 통일에 주관 넣지 말라.}

　이 초상화 사진은 1977년 5월 12일 동아일보 '충무공의 영정 동상 고증이 잘못됐다'는 기사에도 언급되고 있는데, 납북된 이중화(李重華) 씨가 소장하고 있었다고 한다. 이순신 장군의 후손인 이종욱 씨에게 사진을 빌려갔던 미술교사가 바로 이중화 씨가 아니었을까 추측하고 있다. 보다 더 심도 있는 자료 조사가 이루어진다면 벌교본 사진의 행방 및 추가 자료가 새롭게 발굴될 것이라고 기대해 본다.

　이런 관점을 바탕으로 영정을 만든다면 이순신 장군의 실제 모습에 근접한 국가 표준 영정이 탄생하지 않을까 간절히 발원해 본다.

현충사에 심어진
일왕의 상징을 말하다

현충사에
일왕의 상징이?

이순신 영정이 모셔진 현충사 본전에 일본을 상징하는 나무가 심어져 있다. 1970년 현충사는 일본의 침략을 막아 낸 '이순신 장군'을 겨레의 성웅으로 조명하고, 민족정기를 바로 세우기 위한 구국의 영웅을 기리는 성지로 다시 태어났다. 이른바 '현충사 성역화 사업'이었다.

박정희 대통령은 '현충사 성역화'의 완공을 기념하기 위해 직접 현충사를 참배한 뒤 한 그루의 나무를 기념 식수했다. 그런데 이 나무는 일본 왕실 혹은 일본의 무사도를 상징하는 일본산 특산종 금송이었다. 더욱 황당한 것은 이 나무가 일제의

현충사 본전 앞에 심어진 금송 금송은 일본 특산종으로 일본의 대표 조경수이자 일본 왕실 혹은 무사도를 상징한다고 알려진 나무로, 조선총독부 시절 총독부 관료가 총독 관저(현재 청와대)에 식재함으로써 우리나라에 전래되기 시작하였다.

우리들의 일그러진 현충사

조선 강점 후 총독 관저에 일본 관료가 심었던 나무에서 파생되었다는 점이다.

문화재위원회의
심사

1990년대 이후 더러 금송에 대한 문제가 터져 나오기 시작했지만 개선되지는 못했다. 2010년 11월 1일, 우리는 현충사의 일본식 조경의 개선을 촉구하기 위해 문화체육관광부와 문화재청에 '현충사 제자리 찾기에 대한 진정'을 접수했다.

문화재청은 진정서의 내용이 '상당한 이유 있음'을 받아들여 12월 8일 사적분과위원회를 개최하고 '이전 문제를 심의'했다. 혹시나 하는 생각과 초조한 마음으로 문화재위원회의 결정을 기다리고 있었다. 최소한 개선 방안이라도 제시해 줄 것을 기대하고 있었다.

그러나 기대와는 달리 문화재위원회는 재적 인원 13명 중 7명이 출석하여 전원 일치로 '현행 유지'를 결정했다. 문화재위원들은 "현충사 본전 내 금송이 외래 수종은 맞으나 현충사 성역화 당시 고 박정희 대통령이 헌수한 기념 식수목으로 시대성과 역사성 등을 나타낸 것으로 그대로 존치하는 것이 바람직하다."고 이유를 밝혔다.

나는 문화재위원회의 심의 결과에 분노했다. 서로의 가치관이 다를 수도 있고 자신의 생각이 잘못될 수 있으므로 결과에 승복하는 것도 중요한 미덕임을 모르는 것은 아니지만, 20년 동안 지속적인 문제 제기가 있었던 사안이 단 한 명의 반대도 없이 전원 일치로 '현행 유지'를 결정하고 문제를 덮어 버리는 것에는 승복할 수 없었다. 게다가 모순적 상황에 역사성과 시대성을 부여한 문화재위원회의 결정을 받아들일 수 없었다.

현충사에 일본식 조경이
만연한 이유

좀 더 근본적인 이유를 조사하기 위해 다양한 자료들을 조사하면서, 이 문제가 뼈 속까지 친일에 젖어 있던 우리의 슬픈 습관에 기인한 코미디란 것을 알게 되었다. 한편 그럼에도 불구하고 정부가 나름대로 개선책을 마련하고 노력해 왔다는 것도 드러났다. 이를테면 박정희 대통령은 전통 수종을 심으려고 했지만 단순한 오류에 의해 금송을 심게 되었다는 점과 노태우 대통령이 일본식 조경의 문제점을 지적하고 금송 이전을 지시했던 점 등을 확인했다. 특히 문화재청은 금송을 '사적지에 부적합한 수종'으로 분류, 제거 대상에 포함시키고 있었다.

그럼에도 불구하고 문화재위원회는 왜 전원 일치로 '현행 유지'를 결정한 것일까? 나는 '박정희 대통령 기념 식수'란 관념을 떼어 내고 좀 더 논리적이고 냉정한 눈으로 이 사건을 바라볼 방법을 찾고자 했다. 그래서 그동안 조사한 사실 관계를 토대로 소장을 작성했고, 2010년 1월 10일 서울 행정법원에 행정 소송을 접수했다. 법정에서 논리적 공방을 벌인다면, 친일 문제, 박정희 대통령 평가 등 민감한 단어들에서 벗어나 사건의 본질에 다가갈 가능성이 커 보였기 때문이었다. 법원은 행정 소송이 성립되는 것을 인정했고, 드디어 2011년 4월 1일 서울 행정법원 102호 법정에서 첫 번째 심리가 열렸다.

박정희 대통령의 의도?

식민 통치의 상징물로 총독부 관료가 총독 관저에 이식한 금송에서 직접 '돌려심기'로 파생시킨 묘목을 대통령이 '구국의 상징'이자 '항일 운동의 구심점'인 현충사 본전에 기념 식수했다는 것은 민족 정서상 이해하기 어려운 일일 것이다. 다만 한 가지 중요한 사실은 박정희 대통령이 외래 수종을 현충사에 이

식할 의도가 없었다는 점이다.

'현충사 식수 계획'을 지시한 박정희 대통령의 친필 메모에는 우리 민족과 가장 인연이 있거나 충무공과 인연이 있는 나무를 심으라고 지시한 것으로 확인되고 있다.^{박정희 대통령 친필 메모.}

일본 특산종이자 일본 정신을 상징하는 금송이 현충사에 대통령의 기념 식수로 심어진 것은 '착오'에 의한 '오류'에 불과할 뿐, 박정희 대통령의 의도와는 동떨어진 일인 것이다. 그런데 이런 오류에 문화재청은 역사성과 시대성을 부여, 착오에 또 다시 착오를 더하는 일을 거듭하고 있다.

노태우 대통령은
'일본식 조경'의 개선을 지시했다

1991년 4월 28일, 당시 노태우 대통령은 현충사를 방문 "현충사 조경이 잘되어 있으나 일부 일본식이니 전통식으로 바꾸도록 하라."고 지시했다. 이에 문화재청은 문화재 전문위원인 안봉원 교수의 자문을 토대로 '현충사 조경 개선 계획안'을 수립하였다. 안봉원 교수는 7개 항의 개선 방안을 제시했는데, 그 당시에도 일본식 수종의 제거 그리고 박정희 대통령이 기념 식수한 금송에 대해 '1)번 항목'으로 설정하고, 다음과 같이 이전을 촉구했다.

> 본전은 이순신 장군의 영정을 모시는 곳이니 만큼 왜색이 짙
> 은 일본 목련은 제1차적으로 제거하고 박 대통령 기념식수
> 인 금송은 역사적인 의미를 고려하여 본전 밖으로 이식 보
> 존한다.
>
> – 안봉원 교수의 자문 내용

문화재청이 안봉원 교수의 자문 내용을 토대로 작성한 '현충
사 조경 개선 계획안'에도 "본전 안의 고 박 대통령 기념 식수
목은 본전 밖으로 이식 보존한다."는 내용이 반영되기까지 했
었다_{현충사 조경 개선 계획안}.

왜색 조경 제거는
현충사 정비 사업의 원칙

1997년 현충사 관리소장이 정부에 신청했던 '현충사 본전 내
조경 정비' 사업과 관련된 '국가 지정문화재 현상 변경 허가서'
라는 문서에는 '본전 내 외래 수목 제거로 전통 수종 보호 및
경관 개선'이 정부가 현충사 조경과 관련하여 수립한 행정 원

칙임을 천명하고 있다.^{국가 지정문화재 현상 변경 허가서.}

또한 첨부 문서인 '현충사 조경 정비 기본 계획 보고서'에는 외래 수목 제거를 "왜색 조경을 한국 전통 조경으로 개선하여 역사의 주체성을 회복"하는 일로 규정되어 있으며, "현충사 성역화 당시에 식재한 왜색 수종과 외래 수종이 경내 전반에 산재해 있어 충무공 이순신 장군이 왜적과 항쟁하다 순국하신 애국 충정과 맞지 않음."이라고 기재되어 있다.^{현충사 조경 정비 기본 계획 보고서.} 또 이 문서는 개선책으로 "왜색 수종과 외래 수종을 제거하고 소나무, 느티나무, 회화나무, 산철쭉 등 한국 전통 수목으로 식재"하겠다는 원칙을 정해 놓았다.

문화재청은 금송을 '제거 대상 수목'으로 분류

특히 이 문서에는 가이즈까 향나무 등 68종 11,594주를 '사적지에 부적합한 수목'으로 분류, 구체적인 제거 계획을 수립해 놓았다. 더 주목할 것은 박정희 대통령이 기념 식수한 금송이 이 문서에 제거 대상으로 포함되어 있었다는 사실이다.^{현충사 수목 현황 – 사적지에 부적합한 수종.} 그 후 여기에 기재된 수종들은 거의 대부분 제거되었으나, 유독 금송만큼은 박정희 전 대통령의 기넘 식수라는 이유로 현충사 본전 내에 남아 있게 되었다. 이는 현충사 전통 조경 정비 계획의 원칙에 어긋나는 불합리한 행정 행위일 뿐만 아니라 현충사를 지어 이순신 장군을 기리고자 했던 많은 사람들의 기대를 저버린 행위라고 생각한다.

문화재청은
금송을 즉각 제거하라

재판에서 승소할 것으로 기대하지는 않았지만, 그래도 이번 만큼은 합리와 상식에 의해 결정되기를 바라는 마음이 간절했다. 그런 기대에도 불구하고 2011년 7월 나는 결국 패소했다. 1심 재판부는 사건의 진실을 말하기보다 내가 '행정 소송의 당사자 자격'이 있는가에 초점을 맞춰 재판을 진행했다. 청구의 자격 문제 그리고 문화재위원회의 결정을 행정 행위로 볼 수 없다는, 순전히 법리적 차원에서 원고 패소가 선고되었다.

그러나 나는 이것을 패배라고 생각하지 않는다. 금송 사건의 패소는 많은 대중들에게 현충사가 일본식 조경에 오염되어 있다는 사실을 알렸고, 우리에게 찌들어 있는 일제 잔재를 극복하기 위해 무엇을 할 것인가에 대한 화두를 던졌기 때문이다.

진실은 상상할 수 없는 힘을 발휘한다고 한다.

나는 그 말을 믿는다.

그리고 언젠가 현충사에서 일본의 상징이 뽑힐 날이 올 것을 믿는다.

박정희 기념 식수는
누가 뽑았나?

현충사 금송
행정소송 그 후

나는 2011년 1월부터 현충사 본전 앞에 있는 일본 특산종 금
송을 이전해 달라는 행정 소송을 진행해 왔다. 누차 언급했듯
이 현충사 본전 경내의 금송은 1970년 박정희 대통령이 기념
식수한 나무로 일본 특산종이며 사무라이를 상징한다는 논란
이 생겨, 1991년 노태우 대통령이 이전을 지시했던 적이 있는
나무이다.

　이 소송의 관할 법원인 서울 행정법원은 2011년 7월 1일 문
화재제자리찾기 측의 소를 각하 패소 판결했다. 그러나 이대로
끝내기에는 좀 아쉬운 면이 있었다. 여기저기서 아무리 노태우

현충사 금송 표지석 박정희 대통령은 1970년 12월에 현충사 본전 앞에 청와대 금송을 옮겨 심고 표지석을 세웠다.

대통령(노무현 대통령이 아니란 점이 좀 의아하긴 하지만)이 '왜색 조경'이란 이유로 이전을 지시했다고 하더라도, 40년 동안 있었던 나무를 이전하는 것은 좀 문제가 있지 않냐는 조언이 많았다. 나는 약간 농담조로 "그럼 금송이 1000년을 산다는데, 앞으로 960년 동안 현충사에 서 있으면 좋겠냐?"고 반문하며 항소 의지를 표명했다.

도산서원 금송 저자에 의해 박정희 대통령이 심은 나무가 아니라는 사실이 밝혀져 2011년 말에 나무 표지석이 교체되었다. 일본산이라는 이유로 금송 이전 문제가 제기된 후 2003년에 안동시가 금송을 옮기겠다고 발표한 적이 있으나, 당시 그 자체도 역사라는 문화재 당국의 이견으로 이전이 무산된 바 있다.

구 천원 권 지폐 뒷면 구 천원 권 지폐의 뒷면은 도산서원 그림이다. 도산서원 앞에 있는 금송이 눈에 띤다.

도산서원에도
금송이?

현충사 금송에 대한 1심 판결이 끝난 후 나는 항소를 위해 새로운 자료를 찾는 데 심혈을 기울이고 있었다. 그 과정에서 도산서원에도 박정희 대통령이 금송을 심었다는 것과 그 금송이 2년 뒤에 고사했다는 것을 알게 되었다. 국가기록원에서 '도산서원 금송 식수 경위'라는 문서를 찾아낸 것이다.

박정희 대통령이 기념 식수한 금송은 2년 만인 1972년 고사했고, 현 금송은 안동군수가 당시 예산 50만 원을 들여 한국원예건설을 통해 1973년에 심은 나무로 판명되었다. 대통령 기념 식수가 관리 소홀로 고사하자 처벌받을 것을 두려워한 나머지 몰래 새 금송을 심은 뒤, 지금까지도 사실을 은폐해 왔던 것으로 보인다.

당시의 시대 상황을 고려한다면 전혀 이해하지 못할 일은 아니었다. 박정희 대통령이 식수한 나무가 관리 소홀로 고사했다면, 중벌을 면하기 어려웠을 법하다. 안동군수의 딱한 사정을 동정한 도산서원과 문공부에서 비밀리에 재식수했던 것도 납득이 가는 이유이다. 그러나 나는 선비 문화의 핵심이자 퇴계 선생의 위패를 모신 도산서원에 거짓말을 적어 놓는 일은 개선되어야 한다고 생각했다. 게다가 도산서원의 금송은 구 천 원 권 뒷면의 화폐 도안에 사용되기도 했다.

이렇게 중요한 나무가 일본에서만 자라는 특산종이며 일본 왕실과 사무라이 정신을 상징하는 나무라는 점, 도산서원의 경관을 가리는 등의 문제로 논란에 휩싸려 왔다. 이에 안동시는 2003년 금송을 이전하겠다고 발표했었으나, '대통령 기념 식수'라는 이유로 실행하지 못했다.

이런 일련의 과정을 생각한다면, 우스꽝스런 일의 연속이다. 도산서원의 금송 사건은 한 나라의 대통령을 속였을 뿐만 아니라 천하를 속이는 어처구니없는 거짓말에 다름 아니다. 그런 취지에서 나는 문화재청에 우선적으로 표지석을 철거해 줄 것을 신청했다. 국가 기관이 거짓을 바로잡는 데 조금이라도 주저해서는 안 된다는 생각에서였다.

현충사에 기념 식수한
또 다른 나무의 행방

다시 현충사 이야기로 돌아가 보자. 항소 이유서를 준비하면서 나는 현충사에 박정희 대통령의 기념 식수가 한 그루 더 있었다는 사실을 알아냈다.

1966년 4월 28일, 박정희 대통령은 현충사를 방문하여 이순신 장군의 영정을 참배한 뒤 한 그루의 나무를 기념 식수했다. 그때의 사진을 보면 아마도 목련을 심었던 것으로 보였다. 그런데 현충사 측은 1966년 4월 28일 박정희 대통령이 기념 식수한 나무를 전혀 모르고 있었다. 계속되는 질문에 그들은 "언제인지는 모르지만 제거된 것으로 보인다."고 말했다.

나는 그들의 대답을 좀처럼 이해할 수 없었다. 대통령 기념 식수가 갖는 역사성을 강조하면서 금송 이전 요구를 거부하는 한편으로, 또 다른 대통령 기념 식수는 일방적으로 제거해 버린 사실은 모순된 행위이기 때문이다. 게다가 1991년 노태우 대통령의 이전 지시를 따르지 않았을 뿐만 아니라 자신들이 세운 '조경 계획'에 '사적지에 부적절한 수종'이라고 분류해 놓

박정희 대통령 현충사 기념 식수 사진 1966년 4월 28일, 박정희 대통령이 현충사에 나무를 심고 있다. 그러나 현충사 측은 이 나무의 존재를 모르고 있었다(출처 : 국가기록원).

고도 일본 특산종인 금송을 옮길 수 없다고 하던 입장과도 정면으로 배치되기 때문이다. 심지어 현충사 측은 언제 누구에 의해사 박정희 전 대통령의 기념 식수가 제거되었는지에 대한 기본적인 사실 관계조차 알지 못하고 있었다. 도리어 처음 듣는 사실에 당혹스러움을 감추지 못하고 있었다.

내가 금송 문제를 제기하는 것은 나무가 잘못되었기 때문이 아니다. 민간에서 자기집 앞마당에 금송을 심건 말건 상관할 바가 아니다. 다만 일본 특산종이면서 일왕을 상징한다는 금송이 현충사나 도산서원처럼 역사적 의미가 특별한 곳에 있어서는 안 된다고 생각하는 것이다.

특히 현충사 금송은 1991년 노태우 전 대통령의 이전 지시가 있었고, 도산서원 금송은 2003년 안동시와 도산서원 측의 이전 요구가 있었다. 이렇듯 나름대로 합리적이고 논리적인 근거와 명분에 의해 진행되는 이 문제 제기에 대해, 2011년의 대한민국에서 '박정희 대통령'의 허상에 사로잡힌 사람들은 '대통령 기념 식수'는 움직일 수 없다며 강하게 반발하고 있는 것이다.

나는 이제 그들에게 준엄하게 묻고 싶다.

도산서원의 금송은 박정희 대통령이 심은 것이 아닌 가짜로 판명되었으니 옮기는 것입니까?
현충사의 박정희 대통령 기념 식수 중 한 그루는 왜 일방적으로 제거했습니까?

또 한번 문화재청과 관계자들의 기발하고 재미있는 변명이
기대된다.

일본식 조경을 보고 '깊은 시름'에 잠기다

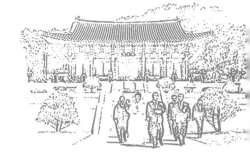

2010년 가을, 시사 IN의 주진우 기자와 함께 현충사의 일본식 조경 문제를 조사하기 위해 현충사를 방문한 적이 있다. 주진우 기자와 현충사에 간 일은 후에 주진우 기자가 '나는 꼼수다'에서 언급한 뒤로 유명한 일화가 되었다. 오랜만에 만난 우리는 가을 소풍 온 기분으로 걷다가 현충사 본전 앞길에서 '현충사 성역화 사적기'라는 표지석과 만났다.

1962년 박정희 대통령이 국가 원수가 된 뒤로 충무공의 구국 정신으로 민족 지도 이념을 삼고자 특별한 분부를 내려……
사당을 새로 세워 나라와 국민들의 갈 길을 밝히니……

표지석 옆으로 나란히 심어져 있는 향나무는 일본풍으로 가

지치기가 되어 있었다. 바위와 나무를 나란히 배치한 조경 방식에 대해 묻자 현충사 관계자는 머뭇거리다가 '전형적인 일본풍'이라고 말했다. 일본의 흔적을 느끼며 우리는 이순신 장군의 영정을 모신 현충사 본전으로 발길을 옮겼다. 현충사 본전 앞에서는 '박정희 금송'이 우리를 기다리고 있었다. 현충사 안내 책자에조차 "일본의 대표적 나무로 일본 무사를 상징한다고 하여 많은 식물학자의 비판을 받고 있다."고 적혀 있는 금송이었다. 그 밑으로 1970년 12월에 박정희 대통령이 기념 식수했다는 표지석이 차가운 얼굴로 우리를 맞았다.

현충사 관리소의 한 고위 관계자는 "일반인이 심었다면 진작 톱으로 베었을 텐데, 국가 원수가 한 일이라 함부로 어떻게 할 수도 없는 노릇이다."라고 말했다. 그는 "잘못된 조경을 바로잡기 위해 1997년부터 가이즈카 향나무, 낙우송, 편백나무, 독일 가문비나무 등 외래 불량목을 제거하고 전통 수목으로 바꾸어 심는 작업을 벌이고 있다. 금송·연못 등에 논란이 많으니 전문가들이 검증을 통해 결론을 내 주면 좋겠다."라고 말했다. 2010. 11. 30. 〈시사 in〉 167호, 일본 칼 차고 중국 옷 입은 이순신, 지금은 수술 중

노태우 대통령이
철거시킨 일본 석등

문화재 조경 전문가인 정재훈 교수^{한국전통문화학교 전통조경학과 석좌}는 현충사의 조경에 대해 "당시는 한국 전통조경을 연구한 사람도 없고 설계하고 시공하는 사람도 없는 시기라 상당히 일본 조경양식으로 조성되고 일본 정원에 서는 석등까지 배치되었습니다. 노태우 대통령이 지시하여 근 20년 간에 약 20억 원이 들어서 왜식 조경을 고쳤으나 아직도 완전하지는 못합니다."고 밝혔다.국립문화재연구소 학술대회 자료집, 〈사적지 조경의 현황과 과제〉, 국립문화재연구소 학술대회 자료집(2008)

우리는 그날 방문에서 정재훈 교수가 언급한 석등과 관련된 자료를 제공받을 수 있었다. 현충사 측이 제공해 준 사진은 1973년 4월 28일 촬영된 것으로 이순신 장군 탄신일을 맞아 박정희 대통령이 육영수 여사와 함께 현충사를 방문한 사진이었다.

대통령 내외가 참배를 마치고 내려가는 모습을 촬영한 사진에는 정재훈 교수가 언급한 석등 두 개가 현충사 본전 앞에 나란히 배치되어 있었다. 석등은 원래 우리 전통 양식에서는 사

현충사에도 일본식 석등이 있었다 박정희 전 대통령과 육영수 여사 뒤로 두 개의 일본 석등이 보인다.

찰이나 능묘에 단 1기만 세워질 뿐, 사당에는 석등이 배치되는 경우가 없다. 현충사에 불교적 전통에서 파생된 석등을 배치한 사실도 우습거니와 일본 신사나 일본 사찰처럼 2개의 쌍등을 배치했다는 점이 경악스럽기까지 한 일이었다.

　만약 이순신 장군이 자기 사당을 일본풍으로 꾸며 놓은 것을 안다면 어땠을까? 아마 무덤에서 벌떡 일어나고도 남았을 것이다. 누가 무슨 정신으로 이순신 장군의 영정 앞에 일본 석

조선신궁의 일본식 석등 일제 강점기 조선신궁의 모습. 정문인 도리 옆으로 쌍등이 보인다.

등을 가져다 놓았을까? 관련 자료를 조사해 보니 박정희 대통령이 '현충사 성역화 사업'을 착수했던 1969년 당시에 일어났던 일임을 확인할 수 있었다. 그러나 이 석등은 다행히도 1991년 노태우 대통령이 현충사를 방문하여 일본식이라고 지적해서 철거되었다고 한다. 하지만 1969년부터 1991년까지 무려 30년 동안 현충사 본전에 일본 석등이 서 있었던 것이다. 나는 이 믿지 못할 사실에 경악하지 않을 수 없었다. 순간 박노자 교수의 말이 떠올랐다.

우리들의 일그러진 현충사

박정희가 가장 철저하게 배운 일본은 메이지 시대부터 유럽 열강의 제국주의·군국주의를 이식·재현하는 과정에서 1890년대부터 '장군 동상 문화'까지 소화했다. (중략) 박정희가 야스쿠니 신사에 세워진 현대적 병부의 창립자이자 서양 병법의 도입자인 오무라 동상을 보고 받은 인상을 기억해서 비슷한 이순신 동상 건립을 지시한 것은 아닐까.

– 박노자, 『당신들의 대한민국』 중에서

현충사에 왜 일본식 정원을 조성했을까?

현충사의 연못은 일본식 조경의 축소판이다. 현충사 경내 우측에 자리 잡고 있는 이 연못은 1972년 성역화 작업에 따라 인공으로 조성되었다. 우리 전통 연못은 보통 정방형으로 만들고 그 안에 정자를 세우는 것이 일반적이다. 그런데 현충사의 연못은 긴 타원형으로, 크게는 위 연못과 아래 연못으로 나누었다. 연못 사이를 가로질러 아치형 돌다리를 놓았으며 가운데에는 인공 섬을 만들었다. 이는 전형적인 일본 양식이다. 정원 중심부에 연못을 파서 연못 안에 섬을 만들고 다리를 놓아 섬과 연못 주위를 돌아다니며 감상하는 '회유임천식(回遊林泉

현충사 연못에도 일본의 흔적이 현충사에 조성된 연못의 모습. 일본식 들여쌓기로 조성되었다.

式)' 양식은 대표적인 일본의 조경 기법이다.2010. 11. 3. 〈시사저널〉 1098호, 구국의 성지에 광복은 오지 않았다

호안_{호수의 기슭}도 일본 양식을 그대로 사용했다. 일본 전통 방식은 수면과 차이가 없이 돌을 눕히고 세워나가 호안에 물이 넘쳐흐르는 인상을 주는, 일명 '들여쌓기식'이다. 이 방식은 오늘날까지도 일본 조경에서 널리 사용되고 있으며, 11세기에 쓰인 일본의 정원 지침서 『작정기』에도 나와 있는 내용

일본의 대표적인 정원의 모습 교토의 니노마루 정원. 대표적인 일본식 정원이다.

이다. 현충사 연못의 호안도 수면과 차이가 거의 없이 돌을 눕히고 세워나간 전형적인 '들여쌓기식'이다. 반면 우리의 전통 양식은 '바른 층 쌓기'이다. 돌의 면 높이를 같게 해 일직선이 되도록 쌓는 방법이다. 돌의 생김새에 따라 면 높이를 맞추어서 쌓기도 한다.

현충사와 같이 역사적 의미가 강한 곳에 '일본식 정원'이 시공되고 지금까지도 유지되고 있다는 것은 부끄러운 일이 아

194
How are you? 이순신

전통적인 우리 정원의 모습 전통적인 우리식 정원의 바른층 쌓기 모습. 사진은 창덕궁 애련정.

널 수 없습니다. 이에 우리 일본식 정원을 개선할 것이 아니라
이순신 장군이 생존했던 '조선시대의 전통정원'을 조경, 현
재의 일본식 정원을 대체하는 것이 타당하다고 생각합니다."
　　　－ 2010.11.2 제출 '현충사제자리찾기에 관한 진정' 중

2010년 11월 2일, 문화재청에 '현충사 제자리찾기에 관한
진정'을 접수했다. 일본식 정원을 이순신 장군이 생존했던 '조
선 시대 전통 정원'으로 조경해 달라는 취지였다. 물론 문화재

청은 내 의견을 받아들이지 않았다. 당분간은 현재의 일본식 정원을 그대로 유지하겠다는 입장이었다.

현충사의 일본식 조경에 대한 자료를 조사하는 과정에서 현충사를 왜 일본식으로 조경하게 되었는지에 대한 실마리를 풀게 되었다. 박정희 대통령의 비서관으로 지냈던 오휘영 교수가 남겨 놓은 현충사 성역화 작업에 대한 문건을 발견한 것이다. 그의 글에는 현충사 성역화 전반에 대한 배경과 더불어 뜻밖에 일본 니카타 현의 특산물이 비단잉어가 뛰 놀게 된 내력까지도 적혀 있었다.

"박 대통령은 이후로도 현충사에 꾸준한 관심을 보였는데, 이 충무공 탄신 기념일 행사에는 물론 그 외에도 이따금 기회가 있을 때마다 방문하여 나무 한 그루, 풀 한 포기에도 관심을 가지시고, 정성들여 잘 관리하도록 소상한 지시를 내리곤 했다. 즉, 본전 사당 앞은 대칭적 식재로 되어 있어 좋고, 외삼문 (外三門)인 충무문(忠武門) 앞 광장은 넓고 담백해서 시원하고, 경내에 꾸며진 자연형 지당(池塘)에는 잉어를 키우면 좋겠으며, 학생들이 경내에서 고함을 치거나 껌을 씹는 것은 좋지 않겠다는 것 등이다. (중략) 한번은 현장을 둘러보는 과정에서 잘 식재되고 수고가 2.5m 정도 되는, 밑둥이 꽤 굵은 배롱나무 한 그루가 독립수로 서 있는 것을 가리키면서 "오 비서관, 이 나무의 일본 이름의 유래를 아는가?"라고 하시며 "나무 외피가 보는 바와 같이 아주 반들반들하여 원숭이가 기어오르다가도 미끄러진다 하여 '사루스베리' 즉 '오사루'가 '스베리' 한다(말하자면 원숭이가 미끄러진다)라는 뜻"이라고 재미있는 설명을 들려 주시기도 했다.

- 오휘영, 「환경과조경」 141호~150호

오휘영 교수는 박정희 대통령과 현충사에 방문했던 일화를 매우 자랑스럽고 아름다운 추억으로 지니고 있는 듯했다. 배롱나무를 보면 '오사루가 스베리'하는 말이 떠오르고, 연못을 보면 비단 잉어가 뛰노는 모습을 상상하는 박정희 대통령과 비서관들. 그들에게 일본은 너무나 친숙한 문화였던 것이다. 식민지 36년은 한 인간에게 너무나 긴 세월이 될 수도 있었을 것이다.

오휘영 교수는 자신의 글 뒤에 '금송'에 대한 짤막한 기록을 남겼는데, 박정희 대통령이 직접 현충사에 금송을 심고 싶다는 의사를 밝혔다고 한다. 어디까지 믿어야 할지 모르겠지만 매우 충격적인 내용이었다. 1970년대 대한민국을 이끌어 갔던 분들이 가졌던 인식을 이해하기 위해 여러번 반복해서 오휘영 교수의 글 중에 아래 대목을 여러 차례 읽어 보곤 한다. 지금도 정말 이렇게 생각하는 사람들이 있을까? 나로서는 받아들이기 어려운 의견이기에 막막한 느낌으로 하염없는 생각에 잠긴다.

마지막으로, 현충사 본전 앞의 대통령 기념 식수목인 금송에
대해 조금만 이야기하기로 한다. 현충사에 각별한 관심을 보
이셨던 박정희 대통령은 청와대 집무실 동측 창 앞에 오래전
부터 심겨져 있던 수형이 매우 훌륭한 금송을 헌수하겠다는
뜻을 밝히셨고, 지시에 따라 뿌리돌림을 한 후 현충사 본전 앞
에 식재하게 되었다. 그런데, 일부에서 다른 곳도 아닌 현충사
에 일본인들이 신성시하는 금송을 심는 것은 문제라는 논란
이 제기되었다. (중략) 우리는 섬잣나무, 곰솔나무, 반송 등도
별 거부감 없이 조경수로 많이 활용하고 있고 일본에서는 우
리의 전통 산림수종인 잣나무를 조경용 소재로 즐겨 활용하
는 추세에 있지 않은가? 그리고 미국 워싱턴 D.C 포토맥 강변
의 벚나무 열식은 너무도 장관이다. 미국인들이 세계2차대전
을 치루면서도 일본의 상징인 벚꽃을 베어 내지 않고 수용하
는 태도를 한 번쯤 생각해 보자. 지금은 대립의 시대가 아니라
협력의 시대인 것이다.
　　　- 오휘영, 「우리나라 근대조경 태동기의 숨은 이야기(4)-
　　　　　　　　　　　　현충사 성역화 사업」에서

은행나무가 옥수수 빛으로 물들어 고운 자태를 드리운 현

충사 연못을 떠올려 본다. 일본 니카타에 수입해 온 비단잉어가 한가롭게 노니는 이 아름다운 연못이 '전형적인 일본식 연못'이란 사실을 나는 참을 수가 없다. '현충사 연못'은 '얼빠진 모습'으로 사는 우리들에게 던지는 너무 아픈 회초리처럼 나를 때린다.

　현충사는 우리에게 무엇인가? 이곳은 이순신 장군의 고택과 유품 등이 있는 '호국의 성지'일 뿐만 아니라 '항일의 구심점'이다. 그럼에도 현충사마저 '일제와 친일의 잔재'에 찌들어 있다는 사실을 언제까지 묵과해야만 하는가? 수십 년간 까막눈으로 살아 온 어리석은 우리 시대에 대한 분노가 천언만어로도 풀릴 것 같지 않았다.
　'한산섬 달 밝은 밤, 긴 칼 옆에 차고 깊은 시름'하시던 비분강개한 이순신을 생각한다.

현충사의 이순신기념관
- 나의 존재를 사람들에게 알리지 마라

현충사는 1706년숙종 32년, 충무공의 넋을 기리기 위하여 이순신의 고택이 위치한 곳에 세운 사당으로, 1707년 숙종 임금이 현충사(顯忠祠)라 사액하였다. 그 뒤 1868년 대원군의 서원 철폐령으로 사당이 훼절되었으나, 일제 강점기인 1932년 동아일보가 주도한 온 겨레의 성금으로 다시 세웠졌다.

2011년 4월 28일, 충무공 탄신일을 맞아 현충사에 '충무공 이순신기념관'이 개관되었다. 이순신기념관은 충무공 관련 유물과 역사 자료를 체계적으로 수집 · 보존하고 전시 · 교육하고자 조성된 역사 테마 전시관으로, 2005년 '현충사 종합 정비 기본 계획'에 따라 2006년에 착공되었다.

총사업비 135억 7천 500만 원이 투입되었고, 대지 면적 4만 5천 254m^2에 건축 면적 2천 522.41m^2(763평), 연면적 3천

묘지를 연상시키는 이순신기념관 2011년에 개관한 현충사 이순신기념관.

104.33㎡(939평) 지하 1층, 지상 1층 철근 콘크리트 구조로 건축되었으며, 기념관동, 홍보관동, 관리사무동 등이 들어섰다. 2011. 4. 27. 〈연합뉴스〉, 현충사 이순신기념관 개관.

　기념관이 문을 열었다는 소식에 지인들과 함께 현충사를 방문한 나는 '무덤'처럼 만들어진 이순신기념관의 외형에 실망스러운 느낌을 지울 수 없었다. 이순신과 관련하여 하도 황당한 사건을 많이 접했던 터라, 현충사를 이순신 묘역으로 착각해서 지은 것이 아닌가 하는 의구심마저 들었다. 이순신 묘역은 현충사에서 10km 떨어진 곳에 위치해 있다.

그런데 그런 느낌을 받은 것은 단지 나뿐만 아니었던 듯하다. 한겨레신문 구본준 기자 역시 이순신기념관에서 조선 왕릉과 같은 느낌을 받았다고 쓰고 있었다.

새로 들어선 이순신기념관은 좀처럼 보이지 않는다. 현충사 정문을 지나 걸어가면 왼쪽으로 조선 시대 왕릉처럼 부드럽게 솟아오른 구릉뿐. 동산 같은 구릉 중간에 갑자기 칼로 도려 낸 것처럼 빈 공간이 나타난다. 돌이 깔린 그 길 안으로 들어서면 골목길이 모이는 광장 같은 빈터가 나오고, 네 개의 흙빛 정사각형 구조체가 한 몸을 이루는 기념관이 비로소 모습을 드러낸다.
　　　　　－ 2011. 5. 18. 〈한겨레신문〉, 「나의 존재를 관람객에게
　　　　　　　　　　　　　　　　　　　과시하지 말라」 중에서

현상 공모를 통해 이순신기념관을 설계한 이종호 교수가 형상화하고 싶었던 이순신은 박제화된 영웅이 아니라 늘 자기 자신에게 치열했던, 정말 지독할 정도의 전문가형 이순신의 모습이었다고 한다. 완전무결한, 그래서 범접할 수 없는 신적인 장군보다는 자신의 직분에 모든 것을 던지는 집념의 장군, 후대에 이상화된 이순신이 아니라 지금 우리에게 메시지를 던지는 이순신이 진정 이순신의 모습이 아니었을까 생각했다고 한다.

그래서 그는 최대한 과시하기보다는 묵묵히 숨어 있는 그런 기념관을 지었다고 한다. 이순신이란 존재는 '민족의 구국성웅'이란 성스러운 수식어만으로 굳어진 존재가 아니라 늘 우리가 새로운 면모를 재발견해 새롭게 해석할 수 있는 존재가 아닐까 하는 생각에서였다고 한다.2011. 6. 13. 〈한겨레신문〉, 새로 지은 이순신기념관, 안 보이게 숨긴 이유

일체의 오류를 허용하지 않으려 했던, 정말 자기 자신에게 처절했던, 실로 지독한 전문가형 인간으로 보였어요. 그런 모습이 그가 전쟁을 버텨 낸 원동력이 아니었을까 싶었고, 그래서 후대에 이상화된 이순신의 이미지보다는 오늘 우리에게 필요한 이순신의 모습을 그려 보려 한 거죠.

건축 예술에 대해 조예가 깊지 못한 나로서는 뭔가 미심쩍은 느낌이 있었지만, 건축가의 의도도 나쁘지 않겠다는 생각을 하기로 했다. 내가 생각하는 이순신은 주변 환경의 모순과 억압을 돌파한 구국의 영웅으로 길이 겨레에 사표가 되어야 할 사람이지만, 예술가가 이순신을 세상에 드러나지 않고 자중하는 고독한 영웅의 이미지로 형상화하고 싶은 욕구를 반대할 만한 입장은 아니었기 때문이다.

그럼에도 불구하고 꺼림칙한 느낌을 지울 수 없어 이순신기

념관에 대해 좀 더 심도 있는 조사를 진행했다. 그 과정에서 문화재청과 건축가 사이에 엄청난 파열음이 생성되어 있다는 사실을 알게 되었다. 이들의 갈등이 너무 심해진 나머지 건축가 이종오는 개관식에 참석하지 않았고, 최광식 문화재청장에게 불만이 잔뜩 담긴 이메일을 보내 엄중히 항의했다는 기사를 읽게 되었다.

> 이순신기념관은 개인적으로도 영광이고, 의미가 큰 작업이었다. 이미 잘 알려진 충무공의 그 무엇을 또 어떻게 기념할 것인가를 고민했다. 그러나 전시 설계 등이 바뀌며 의도와 다르게 진행됐다. 바로잡을 수 있는 것은 바로잡고 싶다.
> – 2011. 6. 14. 〈중앙일보〉, 이순신기념관이 불도저식 토목공사냐

그가 문화재청에 대해 크게 문제 제기한 사항은 크게 2가지로 요약할 수 있었다.

첫째, 바뀐 전시 환경과 전시 설계 변경이었다. 그는 당초 이순신 유품 중에서 가장 중요한『난중일기』를 중심에 놓고 설계를 했다고 한다. 맨 마지막 전시실에 이르면 실제 날짜와 같은 일자의 일기를 낭독하는 소리가 바닥에서 흘러나오는 모습을 상상했던 것이다. 그는 기념관 건축을 통해 난중일기를 토대

로 쓴 김훈의 소설 『칼의 노래』를 읽으며 떠올렸던 이순신을 형상화하고 싶었다고 했다. 정형화된 역사책 속 이순신보다는 문학 작품 속에서 새로운 모습으로 재해석된 이순신, 그 이순신을 닮은 건축을 설계하고, 그 완결점으로 '난중일기'가 흘러나오는 마지막 전시실을 구현하고자 했다.

하지만 건축가의 의도와는 다르게 변경, 마지막 전시실에서는 노량해전 4D 영상물을 상영하게 되었다. 이 교수는 "유원지처럼 4D 영상물 상영으로 이순신을 기념하는 것은 이순신을 모독하는 일"이라고 비판했다. 그는 "내가 해석한 이순신은 자신과 치열하게 싸운 인간이지만, 보는 이에 따라 다양한 뜻으로 해석될 수 있도록 열린 공간을 표현하고 싶었다."고 밝혔다. 기념관 조경 역시 회화나무로 채우고 싶었으나 조경 설계도 실현되지 않았다고 한다. 이 교수는 "건축은 불도저식 토목 공사가 아니라 문화다. 설계자와 소통하고 의도를 이해하려는 당국의 노력이 아쉽다."고 말했다. 그는 "이제라도 문화시설·공공청사·공연시설 등의 감리에서는 예외 조항을 만들어야 한다. 건축가들이 소소한 곳까지 신경 쓰며 완성도를 높이고, 책임도 지는 시스템이 절실하다"고 불만을 토로했다.

둘째, 설계자가 공사 과정을 감독-감리할 수 없는 구조적 문제였다. 현행 건축법에 따르면 공사비 100억 원 이상의 관급

공사는 설계자가 감리를 직접 하지 못하게 돼 있다. 그는 이 제도가 과연 맞는 것인지 묻고 싶다고 말했다. 또한 그동안 우리 미술관, 박물관, 기념관 건축은 건축물과 전시 공간이 따로 논다는 것이 늘 문제로 지적되어 왔다고 한다. 새 기념관은 이를 극복하기 위해 현상 공모부터 건축가가 건물과 전시공간을 모두 디자인하기로 되어 있었는데, 진행 과정에서 결국 관행대로 전시 공간 디자인은 따로 가고 만 것이다.

> 극도로 비운 전시실과 거꾸로 너무 과할 정도로 채운 전시실을 교차하게 해 혼란스럽게 하고 싶었어요. 올 때마다 다른 이순신, 사람마다 다르게 보이는 이순신을 보여주고 싶어 설계까지 다 했는데……, 안 된 거죠.
> – 2011. 6. 14. 〈중앙일보〉, 이순신기념관이 불도저식 토목공사냐

문화재청은 중앙일보 기사에 대해 즉각 해명 자료를 배포했다. 더불어 이종호 교수는 최근 문화재청장에게 자신의 생각을 이메일로 보냈다고 했지만, 문화재청장은 이메일을 받은 바가 없다고 밝혔다. 누구의 말이 옳은지 판단할 수 없는 상황이었다. 국가적 기념 사업인 이순신기념관 신축 문제는 아쉽게도 건축가와 행정 당국이 서로의 입장차를 드러내면서 불미스러운 결말을 맺고 말았다.

충무공이순신기념관, 관련 법령에 따라 적법하게 공사 진행
-「이순신기념관이 불도저식 토목공사냐」(중앙일보, 6.14.) 관
련한 문화재청의 입장 -

2011년 6월 14일 자 중앙일보「이순신기념관이 불도저식 토
목공사냐」에 대한 문화재청의 입장을 다음과 같이 밝힙니다.

1. 설계와 감리의 분리는 현행 법령에 따라 시행
ㅇ 설계자가 공사 과정을 감독-감리할 수 없는 구조적 문제
(중앙일보 보도 내용)
- 충무공이순신기념관은 2008년 착공부터 전문 감리회사에
서 책임 감리로 공사를 감독해 왔습니다. 이는『건설기술관리
법 시행령』제102조에서 "총공사비 100억 원 이상의 관람집회
시설 또는 전시시설공사는 감리전문회사로 하여금 책임 감리
를 하게 하여야 한다"는 관련 규정에 따른 것입니다.
- 보도에서 언급된 "문화시설·공공청사·공연시설 등의 감
리에서는 예외 조항을 만들어야 한다."라는 지적은 소관부처
에서 해당 법령을 개정할 시 참고할 내용이라 판단됩니다.
(*충무공이순신기념관 건립 금액 : 135억 원)
2. 바뀐 전시 환경과 관람객 편의를 고려해 전시 설계 변경
ㅇ 당초『난중일기』를 중심에 놓은 개념으로 전시 설계를 했

으나 4D 영상물 상영으로 기념관이 유원지로 전락(중앙일보 보도 내용)

- 당초 제3전시실은 『난중일기』를 워터 스크린 방식으로 전시하도록 설계되어 있었습니다. 그러나 전시 전문가의 자문과정에서, 전시실 내에 워터 스크린을 도입할 경우 습도에 민감한 지류 유물에 좋지 못한 영향을 미칠 수 있다는 지적이 있었습니다. 또한, 지속적인 유지관리의 어려움과 함께 특히 기계의 오작동으로 인한 사고가 발생할 경우 전시관 전체에 큰 손상을 초래할 수 있어 이를 실내에 도입하는 것은 위험하다는 지적이 있었습니다.

- 아울러, 2009년 3월과 6월, 두 차례에 걸쳐 이충무공 종가에서 종가 소유 유물 300여 점을 현충사관리소에 기탁함에 따라 이를 반영할 전시 연출이 필요하게 되었습니다.

- 이와 함께 현충사를 찾는 주 관람 대상이 학생층임을 고려해 어린이와 청소년들에게 흥미와 친근감을 줄 수 있는 방안을 모색해야 한다는 전문가의 의견도 모아졌습니다.

- 이러한 환경 변화와 기술적 난관, 관람객 눈높이에 맞춘 전시 연출 등을 고려해 4D 영상물 상영을 추진하게 되었습니다. 2009년 당시 새로운 영상 기술 개발 등으로 4D 영상물에 대한 청소년층의 높아진 욕구와 수요에 부응하는 것으로 판단했습니다. 그리고 영상물의 내용 또한 이순신 장군의 최후의

전투인 노량해전을 주제로 하여 재미와 함께 감동도 줄 수 있도록 했습니다.

- 한편, 『난중일기』는 장검(長劍)과 함께 이순신 장군의 가장 중요한 유품으로 특별히 부각될 수 있도록 충무공의 일생을 다룬 제2전시실에 특별한 공간을 마련해 연출했습니다.

3. 조경 식재도 설계 의도대로 충실히 시행

o 회화나무로 채우고 싶은 조경 설계도 실현되지 않았음(중앙일보 보도 내용)

- 기념관 입구와 주변의 회화나무 조경은 당초 설계상 위치와 수량에 맞추어 식재했습니다. 다만 매표소 앞은 정문을 가려 경관을 해칠 우려가 있다는 관계 전문가의 자문과 문화재위원회의 검토 결과에 따라 일부 식재하지 않았을 뿐입니다. 보도에 인용된 기념관 설계 투시도는 시각적 효과를 높이기 위해 실제 설계와 달리 표현된 부분이 있어 현장 사진과 다소 차이가 생기는 점도 있을 수 있습니다.

- 한편, 조경은 수목 식재 후 어느 정도의 시간이 지나야 그 본 모습이 잘 드러나며 특히 회화나무는 5월 이후에 잎이 자라나는 수종인 관계로 눈에 띄지 않았을 수 있습니다.

문화재청은 충무공이순신기념관을 건립하면서 변화된 환경과 관람객 편의 증진을 위해 많은 관계 전문가의 자문을 충분히 거쳐 모든 공정을 적법하게 진행했습니다. 다만, 이 과정에서 일정상 설계자와 충분한 소통을 하지 못한 점에 대해서는 유감스럽게 생각합니다. 앞으로도 문화재청은 충무공 이순신 장군의 위업을 널리 알리고 그 뜻을 이어 나가는데 적극 노력하겠습니다.

현충사 이순신기념관
한자 표기가 일본식이라고?

이순신기념관은 개관한 지 3달 만에 새로운 분쟁에 휘말렸다. 이순신기념관의 한자 표기가 일본식이란 주장이 제기된 것이었다. 여운영(한나라당) 아산시의원은 8일 충무공 이순신기념관의 '기념관'(記念館)은 일본식이며, 올바른 표기는 '기념관'(紀念館)이라고 했다. 여 의원은 "친구와 밥을 먹다가 이 얘기가 나와 국어사전을 뒤져 보니 기념관 현판의 한자 표기가 잘못돼 있었다."면서 "중국은 기념관에 '벼리 기'(紀)를 쓰는 반면 일본은 '기록할 기'(記)를 사용하더라."고 말했다.2011. 8. 9. 〈서울신문〉, 아산 현충사 '이순신기념관' 한자 표기 논란.

현충사의 해명이 이어졌다. 관리사무소의 한 관계자는 "기념관의 한자 표기가 잘못됐다는 지적이 제기돼 정확한 표기가

이순신기념관 기념(記念)이 일본식 표기란 지적에 記念을 紀念으로 교정한 충무공 이순신기념관(위 사진). 이순신기념관에 전시 중인 근현대 이순신 관련 기록물(아래 사진).

무엇인지 확인하고 있다."고 밝혔다. 이에 대해 국립국어원의 한 관계자는 "적을 기(記)자나 벼리 기(紀)자 모두 쓸 수 있다."며 "표준국어대사전에 기념관의 한자 표기가 '紀念館'으로만 돼 있는 것은 기본 표기만 제시했기 때문이다."고 밝혔다. 이어 "기념의 기본 표기는 '紀念'이다"라며 "그러나 '記念館'이 일본식 표기인지에 대해서는 근거 자료가 없기 때문에 단정적으로 말할 수 없다."고 덧붙였다. 2011. 8. 9. 〈경향신문〉, 현충사 이순신기념관 한자 표기 일본식 주장

국립국어원 표준국어대사전에는 "기념관(紀念館)은 어떤 뜻 깊은 일이나 훌륭한 인물 등을 오래도록 잊지 아니하고 마음에 간직하기 위하여 세운 건물. 여러 가지 자료나 유품따위를 진열하여 둔다."고 설명하고 있다. 우리 민족혼을 일깨운다는 차원에서 대대적인 성역화 작업이 이뤄졌던 충무공 이순신 장군의 사당인 현충사는 다시금 일본색이 짙다는 논란에 휩싸인 것이다. 현충사 본전 앞에 일본을 상징하는 금송, 현충사의 일본식 조경, 이순신 영정의 친일 논란에 이어 이순신기념관의 표기마저 일본식이란 지적은 현충사를 사랑하는 많은 사람들의 가슴에 상처를 주었다.

현충사의 제자리찾기를
고대하며

2012년 봄, 다시 현충사를 찾았다. 봄을 맞은 현충사는 파릇파릇한 신록으로 싱그러웠다. 이순신기념관의 한자 표기는 기념(記念)에서 기념(紀念)으로 바뀌어 있었다. '記念館'이 일본식 표기인지에 대해서는 근거 자료가 없기 때문에 단정적으로 말할 수 없다던 국립국어원이 입장을 바꾼 모양이었다. 현충사에 만연한 일본식 논란 중 하나가 해결된 것은 다행스런 일이지만, 한편으로는 세밀하고 정교하게 행정에 임하지 못하고 변명과 핑계 대기를 반복하는 정부당국의 처사는 한심하다는 지적을 안할 수 없는 일이었다.

나는 이순신기념관의 구석구석 둘러보다가 거북선에서 이상한 점을 하나 발견했다. 1969년 동아일보가 제작하여 기증한 실제 크기 1/6의 거북선 모형이 돛을 내린 채 전시되고 있었다. 거북선의 돛대는 45도 정도 비스듬히 기울어져 있었고, 돛은 노 밑에 그냥 놓여 있었다. 그 연유가 궁금하여 현충사 직원에게 물었다. 직원은 좀 멋쩍은 표정으로 천정이 낮아서 돛을 올리지 못했다고 대답했다.

대한민국은 정말 대단한 나라이다.

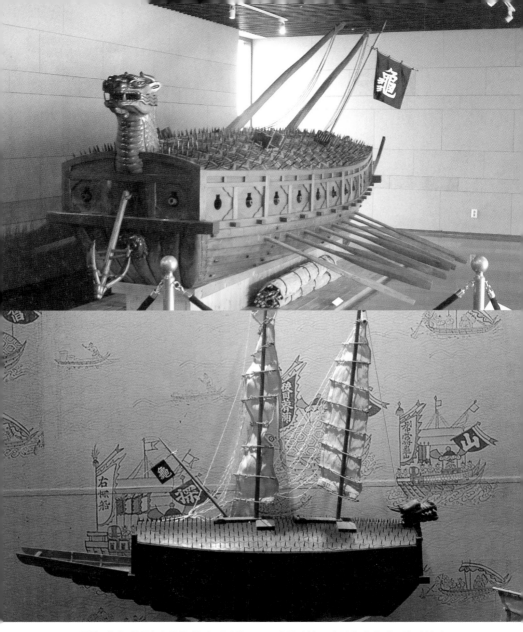

돛을 내린 거북선과 돛을 올린 거북선 1969년 동아일보가 현충사에 기증한 거북선 모형(위 사진)은 돛을 내리고 있는 반면, 최근 개관한 현충사 이순신기념관에 전시 중인 또 다른 거북선 모형(아래 사진)은 돛을 올리고 있어 대조적이다.

214

짝퉁 이순신 사기 사건

우리는 지금 이순신 거북선이 어떻게 생겼는지조차 고증하지 못하고 있으며, 이순신의 정신에 대해서는 별로 관심이 없는 실정이다. 이순신 거북선이 정확한 고증 없이 전부 짝퉁 거북선으로 만들어진 이유는 무엇인가? 그것은 우리가 진실에 다가가려는 노력보다 남의 것을 표절하고 이해관계에 몰입하려는 '속물근성'에 기인한 것이라고 고백하지 않을 수 없다. 그런 입장에 서 있다보니 이순신 축제는 관광 자원을 개발하고 지역 경제를 활성화하려는 목적을 한 치도 넘어설 수 없었던 것은 아니었을까

네엣

국보 274호
가짜로 밝혀지다

거북선 총통 인양은
해군 발굴단의 사기극

1996년 7월 3일, 광주지검 순천지청은 해군 소속 이충무공 해전유물발굴단장 황동환 대령과 해군사관학교 박물관장 조성도 씨_{1993년 사망}, 골동품상 신휴철 씨, 수산업자 홍무웅 씨 등이 지난 1992년 6월 중순 경남 창원시 봉곡동 소재 다방에서 조작극을 공모한 사실을 확인했다고 밝혔다.^{1996. 7. 3. 〈연합뉴스〉, 가짜 총통(銃筒) 국보 조작 전말.}

검찰은 당시 이들 4명이 해전유물발굴단의 해체를 우려한 나머지 유물 인양 조작극을 벌이기로 공모했으며 신씨는 총통 조달, 황대령은 인양 조작, 홍씨는 자금 조달, 조씨는 총통 종

거북선 총통 사기극
'거북선 총통' 사기극
을 보도한 신문 기사
(1996.6.16. 〈동아일
보〉).

류 선택, 인양 위치 선정, 명문 판독과 고증 등을 맡기로 역할
을 분담한 사실을 밝혀냈다.

  검찰에 따르면 또 해전유물발굴단의 자문위원이기도 한 신
씨는 지난 86년 4월 나카무라라는 일본인으로부터 총통과 갑
옷 등 청동 공예품을 제조해 달라는 부탁과 함께 별황자총통의
그림과 규격이 담긴 복사본 책자 1권을 건네받아 총통 제조에

착수했다는 것이다. 그는 1987년 1월 나카무라로부터 공장 설립 자금으로 1백만 엔(당시 한화 5백만 원)을 받아 경남 의창군(현 마산시) 내서면 중리 구마고속도로변에 15평 규모의 주물 공장을 마련한 뒤 사위인 전재원 씨, 주물 기술자 도재윤 씨 등의 도움을 받아 총통류와 갑옷 등의 제조에 나섰다고 한다.

해군에 따르면 황동환 대령 등은 1989년 창설된 해전유물발굴단이 별다른 발굴 실적이 없어 해체될 것을 우려한 나머지 이충무공 연구가인 해군사관학교 박물관장 조성도 교수와 공모하여 이같은 조작극을 벌인 것으로 드러났다.1996. 6. 19. 〈경향신문〉. 거북선 총통은 가짜.

해군과 검찰 발표 이후 국보 274호의 문제점을 지적하는 학문적 고증이 뒤따랐다. 박태근 관동대 객원교수는 총통에 새겨진 명문을 분석, 위작의 증거로 제시했다. 국보 274호에는 귀황자경적선 일사적선필수장(龜艦黃字驚敵船 一射敵船必水葬 거북선의 황자총통이 적선을 놀라게 하고, 한 번 발사하니 적선을 수장시킨다)란 14자의 명문이 새겨져 있었다. 이런 명문이 새겨진 총통은 거북선에 탑재되었던 총통임을 입증하는 증거였고, 거북선의 실체를 밝혀줄 수 있는 실증 자료로서 역사적 가치를 발견했다는 평가를 받았다. 그런데 이 명문이 오히려 별황자총통이 가짜라는 근거 자료로 제시되었다.

조선 시대 군선은 함(艦)이 아니라 선(船)이라 불렸다고 한

14자의 명문 귀함황자경적선 일사적선필수장(龜艦黃字驚敵船 一射敵船必水葬)이라는 명문이 새겨진 별황자총통. 아이러니하게도 이 글자 때문에 가짜임이 들통 났다.

다. 『경국대전』을 비롯 충무공의 장계, 난중일기 등의 기록에도 모두 선(船)으로 표기되었을 뿐, 귀함(龜艦)이란 표기는 한 건도 없었다.

적선(敵船)이란 단어도 문제가 있었다. 당시 기록을 보면 왜적(倭賊), 적선(賊船) 등의 표기가 일반적이었다. 가장 결정적 증거는 사(射)란 글자였다. 당시 사(射)라는 뜻은 활을 쏘는 행위를 지칭했으며, 화약 병기의 경우는 모두 방(放)으로 표기했다고 한다. 활 쏘는 군사는 사수(射手), 화약 병기는 포수(砲手) 혹은 방포장(方袍匠)으로 엄격히 구분해서 사용했다고 한다.1996. 6. 26. 〈동아일보〉, 거북선 총통 명문의 허구성.

더욱 놀라운 것은 국립문화재연구소의 입장이었다. 1992년 문화재연구소는 해군의 의뢰로 1992년 8월부터 12월까지 귀함별황자총통에 대한 성분 분석원자흡광 분광분석법을 벌였는데, 이 과정에서 가짜일 가능성이 제기됐으나 파문을 우려하여 진실을 은폐한 것으로 드러났다. 연구소의 관계자는 "다른 총통과 달리 아연이 8%나 섞여 있어 다소 의문을 가진 게 사실이다. 그러나 출토지가 명확하고 발굴 기관이 국가여서 진품으로 결론을 내렸다."고 실토했다. 비등점이 낮은 아연은 조선 시대의 화포에서는 거의 발견되지 않는 금속 성분이다.1996. 6. 19. 〈경향신문〉, 문화재 硏, 의혹 알고도 쉬쉬.

가짜 총통의 국보 지정과
들통 나기까지

어떻게 이런 황당한 일이 생겨날 수 있었던 것일까? 별황자총통이 발견되었던 시점에서 사건의 내막을 살펴보기로 하자.

　1992년 8월 20일, 해군본부는 회의실에서 내외신 기자 회견을 갖고, 8월 18일 오후 3시께 경남 통영군 한산면 문어포 서북쪽 460m 지점 바다 밑에서 임진왜란 당시 거북선에 장착, 전투에 사용한 것으로 확인된 국보급 별황자총통 1점을 발견, 해군의 충무공 해전유물발굴단단장 黃東煥 해군 대령에 의해 인양되었다고 발표했다. 발견 당시 총통은 수심 10m의 뻘 밑 30cm 지점에 포신이 45도 기울어진 상태로 묻혀 있었다고 한다.

　발굴된 총통의 고증 작업에 참여한 해군사관학교 조성도 교수문화재 전문위원는 "거북선에 실린 황자(총통)는 '적선을 놀라게 하고 한 발을 쏘아 적선을 반드시 수장시킨다.'는 뜻의 문구와 주조 시기로 보아 이 총통이 임진왜란 중 주조된 것이 확실하며 '龜艦'이라는 글자로 미루어 거북선에서 사용된 것으로 보인다."고 설명했다.

　유물발굴단은 89년 8월 정식 발족된 이후 기초 조사 작업 결과를 토대로 92년 4월부터 정밀 탐사 장비를 동원, 작업을 벌여 왔다. 이 과정에서 임진왜란 당시 해전에서 사용했던 화살촉 · 철환 · 도기 수류탄 · 침몰 선박의 잔해 등 다수의 유물이 발굴됐으나 거북선의 실체를 밝혀 줄 수 있는 실증 자료를 발견한 것은 이번이 처음으로 거북선 발굴 작업 착수 3년 만에 첫 개가를 올린 것이었다.1992. 8. 20. 〈연합뉴스〉, 거북선 장착 국보급 총통 발견.

이 총통은 발표 3일 만인 8월 21일, 30분 만에 국보로 지정되었다. 임란사 연구 전문가인 조성도 전 해사박물관장당시 62세, 93년 사망과 발굴단장 황대령해사 22기, 이 사건으로 구속됨이 진품이라고 감정한 것이 결정적이었다. 이들은 출토 지점이 분명하고, 형태와 명문으로 보아 16세기 말의 화포가 분명하다고 결론을 냈다.

1차 조사를 담당했던 이강칠 문화재 전문위원전 육사박물관장은 정식 학술보고서도 없이, 2백자 원고지 5매 분량의 형식적인 감정서만 제출했다. 임창순 · 황수영 · 진홍섭 전 문화재위원장, 문명대 동국대 교수, 천혜봉 성균관대 명예교수, 안휘준 서울대 교수, 홍윤식 동국대 교수 등이 있던 당시 문화재위원회 2분과에서 국보 심사를 했는데, 분과위원 7명 가운데 임진왜란사나 과학사를 전공한 학자는 한 명도 없었다.1996. 6. 19. 〈동아일보〉, 국보 지정 어떻게 했나. 전문가 없이 30분 만에 통과. 발굴단장 황동환 대령해사 22기에게는 보국훈장 삼일장이 수여되었다. 황대령은

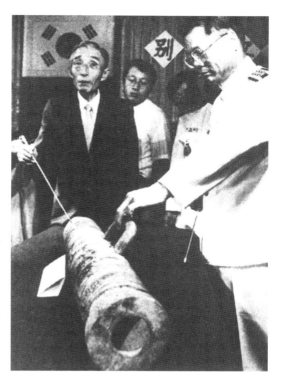

거북선 총통 인양 사실을
발표하는 충무공 해전 유
물 발굴단 조성도 전 해
사박물관장과 황동환 대
령이 가짜로 인양된 총
통에 대해 설명하고 있
다.(1992.8.21. 한겨레
신문)

93년 10월 서해 위도 페리호 침몰 사건 때 사망자를 인양했던
해난구조대(SSU) 대장을 지내는 등 오랫동안 바다와 싸워온
항해 병과 장교였다.

　별황자총통 인양을 전후해 황대령의 발굴단은 총통을 여러
개 인양했다. 그러나 인양한 수역이 하나같이 수십 년 전부터
잠수부가 들어가 조개를 채취하던 곳이라, 그 때까지 어떻게

황동환 대령 거북선 실체 규명에 최선을 다하겠다는 신문 인터뷰 기사(1994. 1. 28. 경향신문).

총통들이 남아 있었을까 하는 의혹이 제기되었다.

순천지청 지익상 검사가 총통 인양에 얽힌 소문을 들은 것은 1992년 4월이었다. 지검사는 문화재 보호 구역 안의 피조개 채취 허가를 받아준다며 어민들로부터 4400여만 원을 받아 각 기관에 뿌린 혐의로 수산업자 홍무웅 씨를 붙잡아 조사하는 과정에서 "황대령에게 900만 원을, 그밖의 관계 기관에도 돈을 뿌렸다."라는 진술과 함께 "언젠가 황대령으로부터 별황자총통을 가짜로 만들어 바닷속에 빠뜨린 후 이를 인양해 국보로 지정받았다는 이야기를 들었다."라는 진술을 받아냈다. 공교롭게도 순천지청장은 유창종 검사였다. 와당(瓦當)에 관해 많이 공부했으므로 고미술계에 아는 사람이 많던 유창종 지청장이 고미술협회 등에 신휴철 씨에 대해 문의했다. "신씨는 쇠붙이 유물 분야 전문가다. 그가 손을 댔으면 거의 틀림없이 가짜일 것이다."라는 대답이 돌아왔다. 신씨를 검거해 조사하자 신씨는 "조성도 교수가 써 준 글귀를 총통에 새겨 넣었다."라고 진술했다.1996. 7. 4. 〈시사저널〉 349호, 오, 가엾은 해군의 명예.

가짜 국보
사건 그 후

1996년 6월 30일 국보 274호는 지정 해제되었고, 국보 274호는 지금까지 빈 번호로 남아 있다. 이 사건으로 문화재관리국은 전문가의 안목 감정에 의존하던 지정 절차를 보완하기로 결정, 국보 지정에 대해 '예고제'를 도입하고 문화재위원회 위원이 아닌 다른 전문가들의 의견 수렴을 거치는 방안도 마련했다. 소 잃고 외양간 고치는 격이었지만, 가짜 파동으로 제도가 보완된 측면이 없지 않았다.

　나는 호기심에 황동환 대령과 신씨가 어떤 처벌을 받았는지 알아보았다. 조성도 전 해군사관학교 박물관장은 당시 사망한 상태였기에 어떤 처벌도 받지 않았다. 1996년 12월 20일 광주지법 순천지원 형사 2단독 재판부재판장 김전근 판사는 가짜 총통을 주조했던 신휴철 씨에게 변호사법 위반과 사기죄를 적용, 징역 1년에 집행 유예 3년, 벌금 100만 원을 선고했다. 재판부는 판결문에서 "피고인이 이충무공 해전유물발굴단의 자문위원으로 있으면서 옛 무기류에 대한 전문 지식을 악용, 당시 발굴단장인 황대령 등 관계자들과 짜고 가짜 국보 총통을 문화재인 것처럼 속인 행위는 마땅히 엄벌해야 하나 피고인이 고령인데다 잘못을 뉘우치는 등 정상을 참작해 이같이 선고한다."고 밝혔다.^{1996. 12. 20. 〈연합뉴스〉, 총통 조작극 신휴철 피고인 집행유예.}

1996년 8월 31일, 해군본부 보통 군사법원 재판부는 가짜 거북선 총통 인양 사건으로 구속 기소, 징역 7년을 구형받았던 황동환 대령에 대해 징역 1년의 실형을 선고했다.^{1996. 9. 1. 〈경향신문〉, 가짜 총통 1년 선고.} 그러나 형량에 불복하여 항소한 황동환 대령은 1996년 12월 13일 국방부 고등 군법회의에서 징역 1년에 집행유예 2년을 선고받고 구속 6개월 만에 풀려났다.

이순신 장군의 후예인 해군 고위급 중 이 사건으로 처벌받거나 퇴임한 사람은 더 이상 없었다. 사람들은 얼마 지나지 않아 모두 이 사건을 잊었다. 국민의 혈세가 수십 억이나 투입되었던 가짜 국보 사건은 그렇게 종결되었다.

대한민국은 누군가에게는 살기 좋은 나라다.

보론 보물 864호 '금고'도 가짜

2008년 문화재청장 이건무은 보물 제864호 '금고(金鼓)육군 박물 관 소장'에 대한 실태 조사 결과 진위 여부에 문제가 있음을 발견하고, 관련 분야 전문가의 현지 조사 및 과학적 분석 등 다각적인 조사·검토를 실시했다. 수개월에 걸쳐 역사·금속공예·보존과학 등 다양한 분야의 관련 전문가들이 금고에 새겨진 명문 등에 대해 정밀 조사를 벌인 결과 가짜란 사실이 드러났다. 2008. 8. 15. 〈뉴시스〉, 보물 864호 '금고(金鼓)' 보물 지정 해제.

문화재청은 진위 문제를 조사한 결과, 금고에 '삼도대중군사령선이 전투에서 승리하기 위해 사용한 쇠북이며 무게는 13근이고, 만력 14년 병술년1586 3월에 제작됐다.'는 글이 새겨져 있는데, 삼도수군제도는 1593년 삼도수군통제영이 만들어지면서 나타났으므로, 삼군대중군사령선이라는 용어는 1586

보물 864호에서 해제된 금고(징) 육군사관학교박물관 소장. '금고'는 1586년(선조 19년)에 삼도대중군사령선(三道大中軍司令船)에서 지휘용으로 사용했던 것으로, 군사 문화재로서의 가치가 높게 평가되어 1986년 3월 14일에 보물로 지정되었다. 조선 시대에는 군대에서 북(鼓)과 징(鉦)으로써 전진이나 정지의 신호를 삼았다고 한다. 전 진과 후퇴에 있어서 북을 치면 움직이고 징을 치면 정지했다. 육군사관학교박물관에 소 장된 이 금고에는 선조19년(1586) 3월에 제조되었다는 기록이 새겨져 있다. 이는 옛 장인들의 특수 공예 기법인 타제(打製 : 쇠를 망치로 때려서 만드는 방법)로서 한 가운 데에는 지름 19cm 정도로 계선(界線 : 경계나 한계를 나타내는 선)을 돌리고 그 내부 채받이 안으로 삼파문(三巴文)이 선명하게 음각되었다. 그 계선에서 외곽으로 21cm 떨어져서는 점차 모를 재면서 5mm 높이의 울이 형성되었으며, 그 가운데에는 5.2cm 사이로 손잡이 끈 구멍이 뚫려 있다. 그 규모가 매우 소담스러우면서도 오랜동안 전쟁 과 평화의 시기를 두루 지나왔음에도 훼손된 부분이 전혀 없이 보존되었으므로 군사 연구 문화재로서 매우 높이 평가되었다.

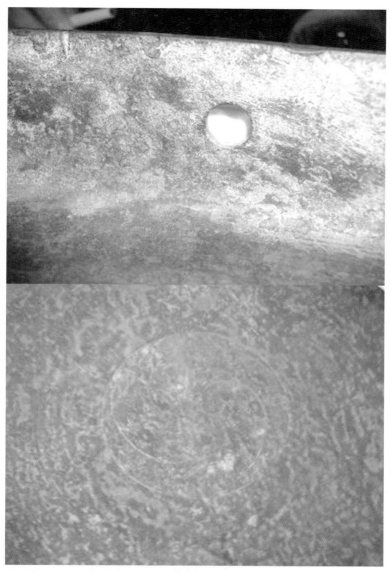

구멍 난 금고 금고의 구멍 난 부분과 녹 분포 사진(출처 : 문화재청 공식 블로그)

년에 제작된 물건에 등장할 수 없다는 점을 들어 가짜임을 확인했다고 설명했다.

또 "중군은 주장主將 : 총사령관의 바로 밑에서 구체적 군사 훈련을 책임지는 직임으로 조선 후기 군제에 나타나며, 조선 시대 지휘관의 배는 대부분 사령선보다는 좌선(座船)이라는 용어를 사용했다."고 밝혔다.

제작 기법도 당대와 일치하지 않는다고 전했다. "방짜 기법으로 제작된 금고에 고리를 달기 위해 뚫려 있는 구멍이 전통적 방법이 아닌 기계로 투공한 것처럼 아주 깨끗하게 처리돼 있고 명문의 새김은 끌을 이용해 한 자 한 자 쳐내려 가는 전통적 음각 기법이 아닌 파 내어 새긴 듯한 현대적 기법 형태가 엿보인다."는 것이다. 아울러 "동일한 색상의 녹이 금고면에 전체적으로 고르게 분포하고 있어 시간이 흐르면서 자연스럽게 생기는 다른 청동 유물의 녹과는 차이를 보이며 명문과 문양이 음각된 곳 안까지 녹이 들어가 있으나 글씨와 문양의 각 등에 마모된 흔적이 거의 없다."고 지적했다.2008. 7. 11. 〈동아일보〉, 보물 864호 군사용 쇠북은 가짜.

이순신 함경도 일기는
가짜였다

이순신 최초의
근무지, 함경도

이순신 최초의 공직 생활은 함경도에서 시작되었다. 그는 1576
년선조 9년 32세에 무과에 급제한 후, 함경도 동구비보의 권관이
되어 여진족과 대치하면서 국경을 방어했다.

　이순신의 함경도 시절은 그리 평탄하지 못했다. 38세인 1583
년선조 16년 10월 건원보乾原堡, 지금 함경북도 경원군 권관으로 나갔을
때, 여진족의 침입을 막고 우두머리 울지내(鬱只乃)를 생포하
는 전공을 세워 한 달 만인 11월 훈련원 참군參軍, 정7품으로 귀
경하게 되었다. 그러나 부친이 작고하여 고향 아산으로 낙향
할 수밖에 없었다.

함경도 일기 현충사에 전시되었던 함경도 일기(맨 왼쪽).

　　1586년선조 19년 이순신은 다시 조산보造山堡, 지금 함경북도 경흥 만
호로 부임했고, 1587년선조 20년 8월에는 녹둔도(鹿屯島) 둔전
관(屯田官)을 겸임하게 된다. 이순신은 당시 두만강 하구에 위
치한 녹둔도 방어를 위해 병력 증강을 요구했으나, 병마절도
사 이일(李鎰)에 의해 거절당했고, 그해 가을 여진족이 침입
해 아군 11명이 전사하고 군사와 백성 160여 명이 납치되었으
며 말 15필이 약탈되는 사건이 일어났다. 이에 이순신은 경흥
부사 이경록(李慶祿)과 함께 여진족을 격퇴하고 백성 60여 명
을 구출했다. 그러나 함경북도 병마절도사 이일(李鎰)은 이 사
건을 패전으로 간주했고, 두 사람을 모두 백의종군에 처했다.

장양공정토시전부호도 육군박물관 소장. 선조 21년(1588) 1월 함경도 북병사(北兵使)였던 장양공 이일(李鎰)이 총대장으로 지휘한 시전부락 토벌전을 그린 채색 전투도. 이순신도 이 전투에 참전했다.

함경도 일기란
무엇인가?

함경도 일기는 이순신이 함경도에서 근무할 때인 1583년^{선조} 3월 8일에 쓴 일기로 알려져 있었다. 완본이 아니라 한 장만 떨어진 상태로 발견된 일기에는 이순신이 과거 이시애의

난[1467] 때 관군과 반란군이 전투를 벌였던 격전지인 경령(慶嶺)을 지나면서 그 일대 지형의 전략적 가치를 논한 내용이 담겨 있었다.

이 문서는 시조시인 노산 이은상이 1973년 그의 저서 『태양이 비치는 길로』에서 "1967년에 발견했다."며 처음 공개했다. 그는 "이 일기에서 보는 충무공의 글씨는 난중일기의 것과 틀림없는 같은 솜씨, 같은 체제의 것"이라고 썼다. 한문학자인 이가원李家源, 1917~2000 전 성균관대 교수 역시 1967년 이순신 친필 일기로 고증했다. 그후 서지전문가 이종학李鍾學, 1928~2002 씨가 1999년 충남 아산시 현충사에 기증해 전시되고 있던 상황이었다. 이후 이 문서는 이순신을 다룬 학술 서적과 『칼의 노래』 등 문학 작품에서 빠질 수 없는 소재가 됐다. 수군 장수로만 각인되었던 이순신의 육군 시절 일기인데다 내용도 전략가의 면모를 보여 준다는 평가를 받았기 때문이다. 또한 '함경도 일기'는 초급 장교 시절부터 매일 매일 진중일기를 써 왔던 이순신의 기록 정신을 보여 주는 증거였으며, 말년의 난중일기의 탄생을 예견하는 작품으로 간주되어 왔다.

특히 이순신의 생애를 다룬 KBS 드라마 '불멸의 이순신'이 방영되면서, '함경도 일기'는 녹둔도 시절의 장면과 머릿속에 겹쳐 왔고, 그 비장한 육군 장수로서의 기록이 남아 있다는 것이 얼마나 다행스러웠는지 모른다.

한가지 좋은 현상이면서도 우려되는 건 드라마가 미친 영향이
었습니다. 함경도 일기가 나오는 장면에서는 모두들 "지금 드
라마에 나오는 녹둔도에 관한 내용이다." 하면서 달려들어 저
도 관심 있게 보았습니다. 그러나 안타깝게도 나이가 지긋하
신 어르신들께서는 드라마의 내용이 모두 진실이라고 받아들
이시는 듯했습니다. 한 할아버지가 옆에 있던 다른 친구 할아
버지에게 뿌듯하게 이순신이 어떠했다고 설명하시는데, 가만
히 들어 보니 드라마에서 방영한 내용 그대로를 사실이라 믿
고 전하시는 것이었습니다.

　　　　　　　　　　　　 – 네이버 카페, '이순신이 싸운 바다'에서

가짜로 밝혀진
함경도 일기

2005년 4월 6일, 동아일보는 현충사에 전시 중인 '함경도 일
기'가 가짜라고 보도했다. '이순신 평전'을 집필 중인 작가 송
우혜 씨는 '함경도일기'는 이순신과 같은 시대의 학봉 김성
일鶴峯 金誠一, 1538~1593이 함경도 순무어사 시절에 쓴 일기 '북
정일록(北征日錄)' 중 일부를 누군가 '난중일기'의 초서체로
베낀 것이라고 밝혔다. 1972년 발간된 '학봉전집(鶴峯全集)'

내 '북정일록'의 507쪽 선조 13년 3월 18일치 일기와 몇 글자만 차이가 날 뿐 내용이 거의 같다는 이유였다. 특히 날짜 및 간지가 '18일 정사(十八日 丁巳)'에서 '8일 병술(八日 丙戌)'로 바뀌고, 일기가 쓰인 연도도 선조 13년1580년에서 선조 16년1583년으로 변했는데 이는 이순신이 함경도에서 근무하던 시절로 조작하기 위한 것이라고 송우혜 작가는 말했다.

이런 의혹을 뒷받침하는 입장 표명이 잇따르면서 '가짜설'은 부정할 수 없는 사실로 굳어져 갔다. 『학봉전집』편찬에 참여했던 이우성李佑成, 학술원 회원 민족문화추진회 이사장은 두 자료를 모두 검토한 뒤 "누가 봐도 난중일기 글씨와 같아 노산도 가려내지 못한 것 같다."고 말했다. 이상훈(李相薫) 국립 진주박물관 학예연구사 역시 "이순신의 친필이 아닌 게 확실하다."며 "발견 당시에도 종가 소장품이 아니고 출처가 불명확한 것이어서 언젠가는 검증해야 할 문서였다."고 말했다.2005. 4. 6. 〈동아일보〉, '함경도 일기' 충무공이 안 썼다.

이순신이 지키고자
했던 북방을 생각한다

누가, 왜, 이 문서를 위조했는지를 알 수는 없었다. 이순신의 친필 일기라고 고증한 이은상, 이가원(李家源·전 성균관대 교수), 이종학(李種學·서지전문가) 씨 모두가 고인이 된 데다, 입수 경위도 알려지지 않았기 때문이다. 노산도 『태양이 비치는 길로』에서 "어쩌다 이 일기의 한 조각이 떨어져 돌아다니는 건지 유래를 알길이 없다."고 적었을 뿐이다. 아쉬운 마음의 발로겠지만, 이순신이 김성일의 「북정일록」을 습작 삼아 베꼈을 가능성을 제기한 사람도 있었던 듯하다. 그러나 전문가들은 이순신이 김성일의 일기를 습작 삼아 베꼈을 가능성도 없다고 말한다. 당시 이순신은 김성일과 교류가 없었고, 가짜 일기의 원본이 된 「북정일록」이 실린 『학봉전집』도 1972년에 처음 간행되었기 때문이다. 다시 말해 당시의 이순신이 김성일의 글을 읽었을 가능성도 전무한 것이었다. 아쉽지만 32년간 진짜로 간주되던 함경도 일기는 부정할 수 없는 가짜였던 것이다.

'함경도 일기' 사건을 보면서 나는 녹둔도에 대해 생각했다. 녹둔도 지역은 1860년 청·러 간에 맺은 북경조약(北京條約)으로 러시아 땅이 되어 버렸다. 러시아는 청과 영·불 간의 화의를 중재한 대가로 북경조약이란 부산물을 얻어 냈는데, 이 조약으로 러시아는 연해주 일대를 단독 관할하게 되었다. 물론 이 조약 체결과 관련 조선 조정은 배제되었고, 그런 사실을 아예 알지도 못했다. 1882년 1월 고종은 어윤중(魚允中)을 서북경략사(西北經略使)로 삼고 녹둔도를 우리 영토로 편입

녹둔도 일대 북한과 러시아 및 중국의 접경 지역에 위치한 녹둔도. 현재는 러시아 영토이다.

할 방략을 모색하도록 명하였다. 그리고 러시아와 국교가 열리자 러시아 공사에게 이 섬의 반환을 요청했으나 아무런 소득이 없었다.

1984년 11월, 북한과 소련 당국자 간에 평양에서 국경 문제에 관한 회담을 열어 관심을 끌었으나 미해결인 상태로 끝났으며, 최근 북한이 1990년 옛 소련과 국경 조약을 체결할 당시 북한의 양해에 따라 녹둔도(鹿屯島) 강변도 러시아 영토로 포함된 것으로 확인됐다. 러시아는 2004년 11월 '러시아-북한 국경 강화를 위한 두만강 하상(河床) 안정 프로젝트'에 착수한 뒤, 길이 12.995km의 제방 축조 공사를 완공했으며 현재 강물로 침식된 9.45km 구간에 돌멩이를 쌓아 올리는 보강 공사를 진행했다고 한다.2006. 11. 6. 〈동아일보〉, 러, 녹둔도에 제방 쌓고. 지금은 남북이 분단되어 녹둔도 문제를 거론할 처지도 못되지만, 통일 국가를 수립한 뒤 녹둔도를 우리가 다시 수복할 것이라고 단정하기는 쉽지 않을 듯하다.

연암 박지원은 『열하일기』에서 "조선의 강토는 싸우지도 않고 쪼그라 들었다."고 탄식했다. 이순신이 지키고자 했던 녹둔도를 잃어버린 못난 우리들의 모습이 자괴스럽기만 하다.

짝퉁 이순신 사기 사건

짝퉁 거북선
사건

경상남도의 원형 복원
거북선, 짝퉁으로 밝혀져

2011년 7월 20일, 연합뉴스는 경상남도가 정확한 고증을 거쳐 3층 구조로 원형 복원한 거북선에 수입 목재가 사용됐다는 의혹을 보도했다. 통영 해양경찰서가 7월 19일 거북선을 건조한 충남 서천의 금강중공업 대표를 참고인으로 불러 조사한 결과 수입 목재를 사용한 사실을 확인한 것이다. 경상남도는 '이순신 프로젝트'의 하나로 3층 구조의 거북선과 판옥선을 1척씩 건조하기로 하고 지난해 3월 33억여 원에 충남 서천의 금강중공업에 제작을 의뢰, 1년여 만에 준공할 예정이었다.2011. 7. 20. 〈연합뉴스〉, 원형 복원 거북선에 수입 목재 사용 드러나.

짝퉁 거북선 경상남도가 정확한 고증을 거쳐 3층 구조로 원형에 가깝게 복원했다던 거북선으로, 길이 25.6m, 높이 6.1m이다(출처 : 부산일보).

조사 결과 통영 해양경찰서는 거북선 관련 의혹 수사 브리핑에서 금강중공업이 거북선과 판옥선을 만드는 과정에서 사용한 목재 21만 8천 840재 가운데 81%인 17만 7천 805재가 수입 목재로 확인되었다고 밝혔다. 설계에 명시된 목재 구입비는 17억 원이었으나 실제로는 6억 5천 400여만 원만 사용, 금강중공업은 10억여 원의 차익을 남겼다고 밝혔다.2011. 9. 8.〈연합뉴스〉, 원형 복원 거북선·판옥선에 수입목 81% 사용.

33억 원이나 들인 거북선이 결국 짝퉁이란 사실이 밝혀지자 김두관 경남지사는 9월 29일, 원형 복원한 거북선에 시공업체가 수입산 목재를 81%나 사용한 데 대해 책임을 다하지 못했다며 정중히 사과했다.

김지사는 당초 거북선 복원에 필요한 목재는 금강송을 사용한다고 홍보했으나 가격이 비싸고 구하기도 힘들어 사용하지 못하게 됐다며, 이를 제때 말씀드리지 못하고 잘못된 홍보를 계속한 것은 도의 잘못이라고 인정했다. 2011. 9. 29. 〈연합뉴스〉, 김두관 지사 '짝퉁 거북선' 정중히 사과.

양수기로 물을 퍼내는 짝퉁 거북선 거북선 복원 계획은 김태호 전 도지사가 진행한 사업이었지만, 짝퉁 사실이 밝혀진 시점의 행정 책임자였던 김두관 도지사가 이에 대해 사과했다(2011. 12. 28. 연합뉴스).

거북선에서
바닷물이 콸콸

슬프게도 짝퉁 거북선 사건은 여기서 끝나지 않았다. 거제시 지세포항에 정박된 거북선 선체 하부에서 물이 새는 현상이 발생해 3~4일에 한 번씩 양수기를 동원해 고인 물을 퍼내는 사건이 발생한 것이다. 거제시 관계자는 "지난 6월 중순 거북선이 도착한 뒤부터 선체 바닥에 물이 고이기 시작했다."며 "처음에는 1~2주일에 한 번 정도 물을 퍼냈지만 시간이 지날수록 그 주기가 짧아지고 있다."고 말했다고 한다. 경남개발공사 관계자는 "목선의 특성상 물이 새는 것은 자연스러운 현상으로 관리가 더 문제"라며 "이를 설계상의 결함으로 연결짓는 것은 문제가 있다."고 설명했다. 이어 "물이 새는 부위를 정밀 점검해 일정 기간이 지난 뒤 육지로 끌어 올려 수리를 할 예정"이라고 말했지만, 전문가들은 공사 측의 의견을 반박하고 있었다. ㈜전통한선복원연구소 백영두 상무는 "목선은 진수 이후 목재가 자리를 잡는 과정 때문에 일시적으로 물이 조금 차지만 양수기로 퍼낼 정도는 아니다."라며 "설계상의 결함이나 건조 과정에 문제가 있었던 것으로 추정된다."고 지적했다.

통영의 전통한선복원연구소 관계자는 "목선은 제작 초반 목재가 자리 잡을 때까지 물이 새는 것은 일반적인 현상이지만 현재 거북선처럼 양수기로 퍼낼 정도면 문제가 있을 수 있다."
고 주장했다.2011. 12. 28. 〈연합뉴스〉 '짝퉁 거북선 · 판옥선' 잦은 누수.

2012년 2월 21일, 창원지법 통영지원 제1형사부 재판장 김성록
부장판사는 원형 복원 거북선 건조에 수입 소나무를 사용한 혐의
사기로 기소된 시공사 대표 전모 씨에 대해 징역 4년을 선고했
다. 재판부는 판결문에서 "외국산 소나무를 임의로 사용해 거
북선 등을 건조하고 국내산 소나무만으로 건조한 것처럼 경남
도개발공사를 속여 공사 대금을 편취했다."며 "이는 단순 금원
편취를 넘어 지역 주민까지 속이고 지방 자치단체의 사업 전
반에 대한 불신마저 초래한 것으로 볼 수 있다."고 밝혔다.2012.
02. 21. 〈연합뉴스〉, '짝퉁 거북선' 시공사 대표 징역 4년 선고.

통영 거북선마저
짝퉁 논란

2012년 2월 28일, 경남 통영시는 '통제영 및 전라좌수영 거북
선' 입항식을 갖고 일반에 공개했다. 그런데 국비와 지방비 등
총 50여억 원이 투입된 이 거북선 역시 공개와 동시에 '짝퉁'
시비에 휘말리고 말았다.

국내 최대길이 34m, 폭 10m, 높이 6m 규모에다가 내부 전시 시설

통영시 짝퉁 거북선 한산대첩 때 사용된 거북선의 위용을 과시하려 했지만 결국 짝퉁에 불과했다(2012. 2. 28. 국제신문).

과 체험 시설을 갖추었다고 소개되었던 이 거북선의 건조 초기에 통영시는 옛 문헌을 통해 원형대로 제작한다는 방침을 세우고 자문위원회도 구성했다. 그러나 관광용이란 목적과 역사적 복원이란 의미가 충돌하면서 자문위원 간 설전으로 거북선 정체성에 의문이 생겼고, 자문위원장이 중도에 바뀌기도 했다. 특히 앞서 경상남도의 짝퉁 거북선이 상층부에 무게 중심이 쏠려 선체가 심하게 흔들리는 것으로 드러나자 이 거북선의 하부에 아예 시멘트 공사를 해 무게중심을 끌어 내리는 무리수까지 뒀다. 뿐만 아니라 침수 문제를 해결하기 위해 선체 하부에는 FRP도 입혔다. 역사적 복원에다가 국내 최대라는 홍보가 무색해진 것이다.

관광 · 체험용이다 보니 거북선 척당 600마력 엔진이 2대씩 설치했다. 철갑판과 뾰족한 철주 등의 설계 변경과 교체 작업이 반복됐다. 이 바람에 거북선의 역사성도 사라졌고 준공 시기도 3개월 이상 지연됐다. "그냥 거북선 모양만 낸 값싼 선박을 만들면 될 텐데……."라는 비아냥거림까지 흘러나왔다. 선목장과 한선전문가들은 "결국 원형과는 거리가 먼 유람선을 만들면서 자문위원회까지 구성해 가며 그렇게 많은 돈을 들였는지 이해가 안 된다."고 지적했다.2012. 2. 2. 〈부산일보〉, 통영 거북선 '짝통 시비 부를까' 전전긍긍.

전문가들은 고증을 한다더니 용머리가 엉뚱한 위치에 있고, 포문의 위치와 갯수나 내부 모양새가 역사 문헌과 너무 달라 문제를 지적했다고 한다. 하지만 지방 자치단체는 지적을 받아들이기보다는 문제를 감추기에 급급하고 급기야 원형 복원은 슬그머니 사라지고 관광 전시로 목적을 변경했다고 한다.2012. 4. 28. 〈sbs 8시 뉴스〉, 너도나도 '이순신' …… 돈벌이 거북선, 행태 가관.

거북선의 내부 구조는
2층인가, 3층인가?

진짜 거북선은 어떻게 생긴 것이었을까? 거북선에 대한 최초의 학문적 연구는 1934년 호레이스 언더우드(Horace Under-wood)라는 외국인에 의해 시작되었다. 언더우드는 '한국의 배(Korean Boats and Ships)'라는 논문을 통해 거북선의 복원을 시도했으나, 한국식 노를 제대로 이해하지 못해 거북선 노를 서양식 노 _{배의 측면에서 옆으로 길게 뻗어 나오는 형태}로 복원하는 오류를 범했다. 이런 오류는 1976년 남천우 서울대 교수가 문제를 지적하기 전까지 답습되어, 거북선 제조업자와 학자들이 언더우드의 오류를 그대로 반복했다. 동아일보사의 후원으로 제작, 현재 아산 현충사 유물관에 소장돼 있는 6분의 1 크기 거북선 복원 모형 _{1969년 제작}의 노도 서양식 노로 복원돼 있다. _{남천우, 『임진왜란 산책』 미다스북스, 2010, P200.}

1970년대 고 김재근 서울대 조선공학과 교수는 거북선 내부 구조에 대해 최초로 구체적 분석 결과를 내놓았다. 김교수는 갑판을 2층으로 만들어 선실을 포함, 총 3층으로 만든 것이 임진왜란 당시의 주력 군함인 판옥선(板屋船)이고, 거북선은 판옥선에 지붕 역할을 하는 개판(蓋板)을 씌운 것이라는 점을 밝혀냈다.

짝퉁 이순신 사기 사건

남천우 교수는 1976년 거북선의 내부 구조가 3층이라고 주장, 오늘날까지 계속되고 있는 거북선 내부 구조 논쟁의 불씨를 지폈다. 남교수에 이어 오늘날 최두환 해군 충무공수련원 연구실장, 장재근 군사편찬연구소 부장까지 가세하고 있는 3층설의 근거는 노를 젓는 격군과 전투 요원들이 다른 갑판에서 근무해야 전투 효율이 높다는 것이다.

2층설을 주장하는 김교수의 근거는 거북선의 기본 자료인 『이충무공전서』 본문 설명이 2층임을 보여 주고 있다는 것. 전통 군사 연구가 신재호 씨처럼 2층에는 격군과 총통 운용 요원, 3층에는 활 쏘는 사부가 탑승했다고 절충적 해석을 시도하는 경우도 있다. 이처럼 거북선 내부 구조에 대해서는 지금도 학계의 의견이 팽팽히 대립하고 있는 실정이다.

1979년에 최초로 복원, 해군사관학교에서 전시하던 실물 크기 거북선은 고 조성도 해군사관학교 교수^{국보 274호 가짜 조작 사건에 관여}가 복원을 주도했지만 김교수의 주장에 가까운 '2층 구조' 내지 '반 3층설'에 가까운 거북선이다. 서울 한강에 계류된 거북선과 전쟁기념관 거북선 모형 등 현재 복원된 대부분의 거북선은 기본적으로 2층 구조로 돼 있다.^{2005. 4. 30. 〈국방일보〉. 한국의 군사문화재 순례 〈71〉 400여년 전 거북선 실체 더듬어 보기.}

남천우 교수는 조성도 교수에 의해 복원된 해군사관학교 거북선에 대해 '못난이 거북선'이라고 잘못을 비난한다. 나아가 거북선 발굴 사업에 대해서도 뼈아픈 일침을 가한다.

> 거북선은 목선이므로 격파되더라도 침몰하지 않으며 따라서 물속에 거북선이 있을 수는 없다. 이것은 임진왜란 때 일본군선은 300척 이상 그리고 판옥선도 200여척이 격파되었으나 수중에는 한 척도 가라앉지 않은 것과 같은 이치이다. (중략) 경상남도는 이러한 사실을 알면서도 2008년과 2009년에 걸쳐 거북선 탐사 작업을 벌인 끝에 아무 성과도 없이 중지하였는데 많은 돈이 들었을 것이므로 이 또한 돈잔치가 아니겠는가?
> – 남천우,『임진왜란 산책』, 미다스 북스, 2010, P229.

결국 거북선이
아니라 이순신이다

해마다 전국에서 7개나 되는 이순신 관련 축제가 열린다고 한다. 그러나 정작 이 축제들이 이순신을 얼마나 제대로 알리고 있는지는 회의적이다. 지금까지 살펴보았듯이 우리는 지금 이순신 거북선이 어떻게 생겼는지조차 고증하지 못하고 있으며, 이순신의 정신에 대해서는 별로 관심이 없는 실정이다. 이순

짝퉁 이순신 사기 사건

신 거북선이 정확한 고증 없이 전부 짝퉁 거북선으로 만들어진 이유는 무엇인가? 그것은 우리가 진실에 다가가려는 노력보다 남의 것을 표절하고 이해관계에 몰입하려는 '속물근성'에 기인한 것이라고 고백하지 않을 수 없다. 그런 입장에 서 있다 보니 이순신 축제는 관광 자원을 개발하고 지역 경제를 활성화하려는 목적을 한 치도 넘어설 수 없었던 것은 아니었을까?

구한말 김택영(金澤榮)은 다음과 같이 말했다.

세상 사람들은 충무공이 거북선 때문에 일본을 깨뜨렸다고 하나, 충무공이 백전백승할 수 있었던 것은 천변만화하는 계책이 신묘했기 때문이지, 어찌 거북선이 한 것이겠는가? 거북선 때문에 이겼다고 한다면 일본 사람들의 정교함으로 어찌 아침에 패배하고는 저녁에 본떠 만들지 않았겠는가?

— 김택영, 『잡언(雜言)』 중에서

짝퉁 거북선 논란 끝에 발견한 고귀한 구절이다.
마음이 아프다.

맺는말

1
...

이순신의 일생을 되돌아보면 과연 그를 '충직'한 신하라고 할 수 있을까 하는 의문에 사로잡힌다. 이순신은 두 개의 적과 싸워야 했다. 하나는 조선을 침략한 일본군이었고, 또 하나는 그의 전공을 시샘하고 부당한 명령을 내린 조선 정부였다. 그는 외부의 적에 대해서는 불패의 신화를 만든 명장이었지만, 내부의 적과의 싸움에서는 끝내 이기지 못하고 전사(戰死)를 택했던 불운한 영웅이었다.

선조를 비롯한 조정 대신들은 왜 그토록 이순신에 대해 야박했을까? 아마도 잇따른 이순신의 전공에 따른 시샘, 원균과의 갈등 등이 지속적으로 선조에게 이순신에 대한 의심과 적개심을 증폭시켰으리라고 추정할 수 있을 뿐이다.

조선 정부는 한산도에 웅크리고 앉아 교착된 전황을 살피는 이순신을 못마땅하게 생각했다. 특히 선조는 "처음에는 힘껏 싸웠으나 그 뒤에는 작은 적일지라도 잡는 데 성실하지 않았다. 또 군사를 일으켜 적을 토벌하는 일이 없으므로 내가 늘 의심했다."선조실록 1596년 6월 26일고 이순신에 대해 부정적인 평가를 내리고 있었다. 심지어 선조는 "그런 사람은 비록 가토의 목을 베어 오더라도 용서할 수가 없다."선조실록 1597년 1월 27일며 이순신을 힐난하기까지 했다. 결국 1597년 2월, 이순신은 일본군을 공격하라는 임금의 명령을 따르지 않았다는 죄목으로 파직되어 서울로 압송되었고, 죽음 직전에 이르는 혹독한 신문 끝에 4월 1일 백의종군의 명령을 받고 풀려났다.

그를 해임한 결과는 혹독했다. 이순신의 후임으로 임명된 원균은 칠전량 해전에서 패하였고, 조선 수군을 궤멸 직전의 상태로 몰아가고 말았다. 이렇듯 전세가 급격하게 기울자 선조는 어쩔 수 없이 이순신을 다시 수군통제사에 복직시키는 결정을 하게 한다. 12척의 전선만으로 1,000여 척의 일본 수군을 감당하는 것이 불가능하다고 생각한 조선 정부는 이순신에게 수군을 해산하라고 권고한다. 그러나 이순신은 "지금 신에게 아직 12척의 전선이 있으니, 죽을 힘을 다하여 막아 싸운다면 능히 대적할 방책이 있다."며 조정의 명을 다시금 따르지 않는다. 부당한 권력의 요구를 과감히 거부하고 자신의 신념을 지

맺는말

킨 것이다. 그 결과로 부패하고 무능한 권력은 그를 혐오했지만, 민중은 나라를 구하고 죽음의 길로 묵묵히 걸어간 그를 영웅으로 기억하게 되었다.

2
...

놀랍게도 이순신의 사후 그를 둘러싼 그간의 비판적인 목소리들은 일시에 자취를 감추었다. 1604년선조 37 선무(宣武) 일등공신과 덕풍부원군(德豊府院君)에 책봉되었고 좌의정에 추증되었다. 1793년정조 17에는 다시 영의정이 더해졌고, 2년 뒤에는 그의 문집인『이충무공전서』가 왕명으로 간행되었다.

　이순신의 영웅화는 근현대에 와서 더욱 절정을 맞았다. 러일 전쟁의 일본 영웅 도조헤이하치로[東鄕平八浪]는 "이순신 장군에 비하면 나는 일개 하사관에 불과하다."는 말로 이순신 장군을 격상시켰다. 특히 해방 후 박정희 대통령은 이순신 장군을 '성웅'으로 호칭하며 대대적인 성역화 사업을 진행했다. 생전에는 국가 권력으로부터 파직과 위협에서 자유롭지 못했던 이순신 장군은 사후 국가 권력의 대대적 찬사를 받기에 이른 것이다.

　조선은 '의병의 나라'였다. 임진왜란 당시 도성을 버리고 도망가는 선조와 관군을 대신해 일본과 싸운 것은 의병과 승병들이었다. 왜란 초반 선조가 '그저' 파천하면서 이반된 민심을 목도하고 전율하고 있을 때 남방에서는 이순신과 곽재우가 영웅으로 떠올랐다. 자신의 존재감은 희미해지고 이순신 같은 무장의 인기가 높아지는 것은 임금인 선조에게는 견디기 어려운 일이었을 것이다. 무언가 돌파구가 필요했을 것이다. 선조는 논공행상 과정에서 명군의 역할을 절대적으로 높게 평가하고 곽재우 같은 의병장은 아예 언급조차 하지 않았다. 그것을 통해 '내가 의주까지 갔기 때문에 명군을 불러올 수 있었다.'는 담론을 창출해 내기에 이른다. 선조는 이제 '그저 파천만 했던 무능한 군주'에서 '명군을 불러온 구국의 군주'로 변신하는 데 성공한다. 2012.9.29. 〈한겨레신문〉, 선조의 의주 파천이 나라를 구했다고?

  구한말 싸움 한 번 못해 보고 나라를 통째로 빼앗기는 무능한 정부를 대신해 이 땅을 지키려고 했던 것도 '민중'들이었다. 이들의 외침은 안중근의 하얼빈 의거, 3·1운동, 상해 임시정부, 무장 독립운동으로 이어져 내려간 도도한 민족사의 흐름이었다.

3
···

2012년. 임진왜란이 일어난 지 420년이 흘러 다시 임진년이 돌아왔다. 5000년 민족사에서 어쩌면 가장 고통스러웠을 시기, 기울어 가는 민족의 기둥을 혼자서 지탱해야 했던 이순신 장군의 쓸쓸한 심경을 헤아려 보았다. 그러던 중 나는 부패한 권력들에 의한 굴절과 왜곡으로 신음하는 이순신을 만났다. 그를 평생 옥죄었던 권력은 이제 찬양이란 이름으로 그를 더럽히고 있었다.

부패한 권력은 이순신을 국가 권력에 대한 절대적 충성을 바친 허수아비 무장으로 묘사했고, 이순신을 앞세워 자신들의 뱃속을 채우는 수단으로 악용하고 있었다. 구국의 성웅으로 미화된 이순신은 온통 가짜와 친일의 허상으로 떡칠이 되어 있었다.

그들은 말한다. 광화문 동상이나 현충사의 금송도 우리와 함께 수십 년을 같이 한 소중한 대한민국의 역사라고…… 또 한쪽에서는 내게 눈 흘기며 말한다. 세상 무서운 줄 모르고 설치다간 큰 코 다치기 쉬우니 괜스레 세상을 어지럽히지 말라고…….

한산섬 달 밝은 밤에 수루(戍樓)에 혼자 앉아
큰칼 옆에 차고 깊은 시름하는 적에
어디서 일성호가(一聲胡笳)는 남의 애를 끊나니

부패한 권력의 명령을 거부하고 시름에 잠긴 이순신을 생각한다. 대한민국은 그를 '민족의 성웅'으로 격상시켜 놓았지만, 과연 그에 걸맞은 대우를 하고 있는 것일까? 무엇이 잘못되었는지도 모르는 우리 시대를 위해, 가짜와 일제의 잔재 속에 울고 있을지 모를 불운한 영웅 이순신을 위해 나는 '이 시대의 의병'을 기다리며 부끄러운 기록을 남긴다.

임진년, 흑룡의 해를 맞아 백운산 흥룡사에서 뜻하지 않게 절 살림을 맡아 살았기에 이 글의 대부분은 흥룡사에서 쓰여졌다. 이제 이곳과의 인연이 다해 조만간 다시 봉선사로 돌아가게 될 듯하다. 집필하는 동안 자료 수집과 집필 방향에 대해 아낌없이 조언해 주신 흥룡사 이혁재 사무장, 장석일 처사, 교정에 도움을 주신 임예경, 전윤경 보살님에게 감사 드린다. 특히 집필하는 동안 공양주로 애써 주신 이일순 보살을 비롯 함께해 주신 흥룡사 신도분들에게 깊은 감사를 드린다. 더불어 부족한 원고를 가다듬어 출판해 주신 작은숲출판사 강봉구 대표에게 다시 한 번 감사의 말씀을 드린다.

2012년 음(陰) 9월 9일 중양절(重陽節)
백운산 흥룡사에서 혜문

광화문 이순신 동상의 뒷모습 조선일보를 보고 서 있다.